MIA MANDELSON

W0307244

DU BIST DIE LIEBE *Deines* LEBENS

Das Selbstliebe Buch

Steigere Dein Selbstwertgefühl, finde Dich selbst und werde die Liebe Deines Lebens.

bloomaris

ISBN:
Taschenbuch: 978-3-910410-11-4
Hardcover: 978-3-910410-12-1
eBook: 978-3-910410-13-8

bloomaris Verlag
Olchinger Str. 7 B
82275 Emmering

INHALTSVERZEICHNIS

EINLEITUNG:

Warum dieses Buch

“Du bist die Liebe deines Lebens” - Wer sich selbst kennt, kann sich selbst lieben

Es ist unsere Aufgabe in diesem Leben, uns selbst kennenzulernen, uns selbst besser zu verstehen und den Wert des eigenen SELBST zu schätzen. Sich selbst und den eigenen Wert zu kennen bedeutet, sich selbst zu lieben. In diesem Prozess der Selbstannahme lernen wir zu akzeptieren, wer wir sind, zu verbessern, was wir ändern wollen, das Licht hervorzubringen, das wir oft nicht sehen. Wir können strahlen, ohne andere auszuschalten und sind auch eine Quelle der Inspiration für unser Umfeld.

Heutzutage funktionieren wir häufig ganz automatisch, konditioniert durch viele Einflussfaktoren, wie den Ort, an dem wir geboren wurden, die Kultur, unser wirtschaftliches Niveau, unsere Umwelt. Häufig merken wir allerdings nicht, durch welche Faktoren wir in unserem Selbstbild geprägt und klein gehalten werden. Wir halten es für selbstverständlich, dass wir wählen, wie wir leben, was wir tun, was wir fühlen, mit wem wir eine Beziehung haben, wie wir arbeiten oder ob wir einen Partner bzw. eine Familie haben.

Wie viel von dem, was du hast, hast du aber wirklich aus freien Stücken gewählt? Wie viel von all dem kannst du nutzen, um deine Lebensziele zu erreichen? Was hindert dich daran, dein volles Potenzial zu entfalten?

Bestimme und entscheide über dein Leben und gestalte es

Mit dem Selbstwertgefühl verhält es sich wie mit einem leeren Blatt Papier. Wir haben alle eines. Stell dir vor, alles, was auf diesem Blatt Papier steht, ist das, was deine Person ausmacht. Wenn dein Blatt noch leer ist, da du keine Idee davon hast, wer du eigentlich bist, kann jeder Mensch, den du in deinem Leben triffst, auf dieses Blatt zeichnen, was immer er will. Er kann auf deinem Blatt Kommentare darüber schreiben, was er von dir hält. Mit seinen Kommentaren projiziert dein Mitmensch allerdings seine eigenen Ängste und Unsicherheiten auf dich. Um uns von all dem nicht beeinflussen zu lassen, brauchen wir eine klare Vorstellung davon, wer wir sind, welche Werte und Stärken wir haben, was wir in diesem Leben wollen und was nicht.

Erst wenn du dein Blatt Papier selbst detailliert gezeichnet hast, wirst du dich in die Lage versetzt fühlen, dich über das hinaus zu bewegen, was die anderen sagen, feste Grenzen zu setzen und ein ideales Leben zu entwerfen, welches dein wahres Ich widerspiegelt.

Dieses Buch beabsichtigt, dich dabei zu unterstützen, mit den Übungen in diesem Buch dein Blatt Papier zu bemalen.

Was erwartet dich in diesem Buch?

Du findest in diesem Buch 52 Übungen, für jede Woche des Jahres eine. Diese Übungen sind in vier thematischen Blöcken angeordnet. Du kannst sie in der vorgegebenen Reihenfolge durchführen oder die Reihenfolge verändern. Wichtig ist nur, dass nur eine Übung pro Woche durchgeführt wird. Das hat einen ganz einfachen Grund: Ähnlich wie ein Löwe, welcher beim Jagen keine fünf Tiere auf einmal jagt, sondern sich auf ein einziges Tier in der

Herde konzentriert, braucht auch dein Geist einen Fokus, eine klare Ordnung. Ansonsten würde er sich zerstreuen und du würdest den Prozess der Veränderung aufgeben, nur weil du keine Ergebnisse siehst.

Die Übungen werden dir helfen, dich selbst kennenzulernen, dein Leben zu gestalten, dich selbst zu entdecken, dich zu hinterfragen und alles auszumisten, was in deinem Leben zu viel Platz eingenommen hat. Dieses Buch wird dich dazu herausfordern, dich weiterzuentwickeln und letztendlich zu transformieren. Nach einem Jahr wirst du große Veränderungen erzielt haben.

Wenn wir über Selbstwert sprechen, besagt die Theorie, dass du dich selbst wertschätzen musst, dass du dir selbst und anderen Grenzen setzen musst, dass du dir selbst vertrauen und dass du lernen musst, zu überhören, was die Leute sagen werden. Die Praxis jedoch zeigt, dass viele Menschen rätseln, WIE dies ganz konkret in ihrem Leben umzusetzen ist? Das vorliegende Buch versteht sich daher als eine Art Leitfaden, welcher dir mit praktischen Übungen und Tools helfen möchte, dein Selbstwertgefühl im täglichen Tun zu verbessern. Du findest nach circa 4 Übungskapiteln jeweils eine Übersicht, in der du deine emotionale Befindlichkeit für jeden Tag im Monat eintragen kannst. Nach einem Jahr intensivem Training, sprich nach 52 Wochen-Übungen, kannst du überprüfen, inwieweit sich deine emotionale Befindlichkeit insgesamt gesteigert hat. Du wirst überrascht sein!

Welchen Sinn erfüllt die Reihenfolge der Übungen?

In Übungsblock 1 sammelst du zunächst etwas Energie, um dich selbst kennenzulernen. 13 Übungen helfen dir, dass du Dinge, die dir viel Energie rauben und die dich davon abhalten, dich auf deine

Ziele zu fokussieren und voranzukommen, bewusst wahrnehmen lernst.

Block 2 beschäftigt sich mit der Selbsterkenntnis. Zwar hast du in der Schule vielleicht viel über mathematische Formeln oder geschichtliche Zusammenhänge gelernt, doch wurdest du vermutlich nicht gelehrt, wie du mit deinen Gefühlen umgehen, selbstbewusst sprechen, kommunizieren, Konflikte mit deinen Mitschülern lösen oder persönliche Blockaden überwinden kannst. Anhand von Beispielen, Fragestellungen und Übungen wirst du herausfinden, wo du stehst und was für ein Leben du wirklich führen möchtest.

Wenn du dich selbst kennengelernt hast, solltest du deinen Geist positiv programmieren, um die Veränderungen, die du dir vorgenommen hast, beizubehalten. Es passiert nämlich schnell, dass du wieder in altbekannte Muster rutschst, die vermeintlich bequemer sind und du dann einen verbitterten Kampf mit dir selbst führst. Die Übungen im Teil 3 dieses Buches erleichtern dir über eine positive Programmierung deines Geistes den Weg der Veränderung.

Die Übungen in Teil 4 dienen schließlich der Befähigung, der Umsetzung all der Dinge, die du dir für dich vorgenommen hast. Nach den Übungen in den ersten drei Teilen des Buches wirst du das Gefühl haben, dass du in der Lage bist, alles zu erreichen, was du dir vornimmst, dass du verdienst, was du erreichen willst, dass du es selbst WERT bist. Diese Übungen sollen den neuen Entwurf deines Lebens unterstützen, damit dich nichts aufhalten kann. So bist du es, der mit mehr Enthusiasmus die wichtigste Entscheidung unterstützt, die du getroffen hast, nämlich - die Liebe deines Lebens zu sein.

KAPITEL 1:

Wie du dich auf dich selbst fokussierst und dabei deine Lebensenergie erhöhst

Du kannst dich jederzeit auf all diejenigen Ziele fokussieren, auf die du dich fokussieren willst. Du musst nur wissen, wie man dies macht. Auf uns wirken endlos viele Reize ein, die unsere Gedanken abschweifen lassen und uns daran hindern, unsere eigentlichen Ziele zu erreichen.

Gibt es neuropsychologische Mechanismen, welche uns helfen, uns und unsere Lebensziele genauer in den Blick zu nehmen und uns auf uns selbst zu konzentrieren? Im ersten Übungsteil wirst du Übungen an die Hand bekommen, die genau auf diesen Mechanismen basieren. Zunächst aber eine Reihe von Fakten, die bezüglich dieses Themas von Interesse sind:

- Wir denken etwa 60.000 ablenkende Gedanken pro Tag und sind einer Menge geistigem Lärm ausgesetzt. Das führt dazu, dass unser Geist von Zeit zu Zeit abschweift.

- Unser Gehirn strebt immer danach, Energie zu sparen, denn der Mensch ist von Natur aus darauf programmiert, zu überleben. Daher wird alles vermieden, was einen zusätzlichen Energieaufwand bedeuten würde. Hierzu gehören auch Veränderungen. Wenn zum Beispiel viele Menschen in ihrer Komfortzone bleiben, liegt das daran, dass ihr Gehirn nach Ausreden sucht, um keine Energie zu verschwenden.

- So wie wir unseren Körper trainieren und ihn pflegen, können wir auch unser Gehirn trainieren und pflegen.

- Das Gehirn akzeptiert kein Nein. Wenn dir gesagt wird, "Denk nicht an Katzen", denkst du automatisch an Katzen. Das Gleiche passiert mit Sätzen, die wir zu uns selbst sagen. Je nachdem, welche Botschaften wir an unser Gehirn senden, können wir viel mentale Energie sparen. Es geht darum, das "Ich kann nicht ..." in "Ich will ..." zu ändern.

- Unser Gehirn ist neuroplastisch, d.h. es hat die Fähigkeit, sich selbst variabel umzubauen. Das bedeutet, dass wir als Individuen uns ständig verändern können, was enorme Chancen in sich birgt.

Die folgenden Übungen werden dir dabei helfen, optimiert mit der Energie deines Gehirns umzugehen und dich auf das zu konzentrieren, was du wirklich willst.

ÜBUNG 1

Fokussiere deine Energie

Überlege, ob Folgendes auf dich zutrifft:

- Bist du am Ende des Tages geistig erschöpft?
- Hast du das Gefühl, dass du dich den ganzen Tag im Kreis drehst?
- Dass die Tage vergehen und du dich nicht weiter entwickelst?
- Dass du deinen Tag damit verbringst, viel für andere, aber nichts für dich selbst zu tun?

Eliminiere jetzt alles, was dich Energie kostet

In der folgenden Übung geht es darum, alles aus deinem Leben zu verbannen, was dir Energie abzieht und dich daran hindert, dich auf das Wesentliche zu konzentrieren.

Du bemerkst vermutlich nicht, dass es Aktivitäten, Dinge und Menschen in deinem Leben gibt, die aus Gewohnheit einen beträchtlichen Teil deines täglichen Lebens einnehmen, die du dir nicht ausgesucht hast und die du möglicherweise gar nicht in deinem Leben haben willst. Um sich dieser bewusst zu werden, benötigt man Zeit, um innezuhalten und zu analysieren.

Erstelle eine Liste mit Dingen, die verändert oder beseitigt werden sollen. Dabei ist es egal, wie lang diese Liste ist. Das Ziel hierbei ist lediglich, sich dessen bewusst zu sein, was verändert werden soll, damit es verändert werden kann. Es spielt auch keine Rolle, ob die Dinge sofort beseitigt werden können oder erst später oder ob es sich um etwas Kleines oder Großes handelt. Fang nur jetzt an, diese Liste zu erstellen.

Beginne mit einfachen Dingen, wie z.B. der Unordnung auf deinem Schreibtisch, dem Korb ungebügelter Wäsche, den unerledigten Einkäufen, der Schublade, in die alles unüberlegt hineingelegt wurde, dem Müll, der entsorgt werden muss und der dich stört etc.
Schreibe all diese Dinge zunächst auf.

Anschließend widmest du dich komplexeren Dingen, die mehr Zeit benötigen, um verändert zu werden. Vielleicht magst du deinen Job nicht und behältst ihn trotzdem bei, weil es von dir erwartet wird, dein schlechtes Gehalt, deinen Freundeskreis, in den du nicht mehr hineinpasst, die wenige Zeit, die du dir selbst widmest, deine Beziehung zu deiner Mutter etc.
Auch diese Punkte notierst du.

Nimm dir im nächsten Monat ein paar Stunden Zeit, um so viele Punkte wie möglich von dieser Liste zu streichen, beginnend mit den einfachsten Dingen, die dir Energie kosten und die leicht behoben werden können. Anschließend versuchst du die Weichen zu stellen für die komplexeren Dinge in deinem Leben, indem du sie von der Liste nimmst und versuchst, diese aus deinem Leben zu eliminieren. Du kannst sicher sein: Es gibt kein Zurück mehr, wenn du einmal damit angefangen hast. Sicherlich wirst du in Zukunft des Öfteren denken: "Das beeinträchtigt meine Energie", und du wirst schnell handeln, um genau dieses zu ändern.

Sobald du diese Veränderungen umsetzt und beginnst, Energieräuber zu beseitigen, wirst du ein stärkeres Gefühl von Frieden und Ruhe verspüren und auch eine größere Kontrolle über dein Leben haben.

Meine Energieräuber

Manchmal denken wir vielleicht, dass alles in unserem Leben bisher eine Katastrophe war, dass alles schiefgelaufen ist. Unsere Erinnerung kann uns aber täuschen, besonders wenn es um Gefühle geht.

Damit das nicht passiert, markiere jeden erlebten Tag in deinem Kalender mit einer Farbe. Überlege dir bei der Auswahl der Farbe, wie du dich an diesem Tag gefühlt hast und resümiere am Ende des Monats, welche Farben in deinem Gefühlskalender überwiegen. Es ist eine schöne Vorgehensweise, die dir helfen wird, deinen Alltag bewusster wahrzunehmen und deine aktuelle Situation aus einer emotionalen Perspektive zu betrachten.

Des Weiteren kannst du wöchentlich mit folgender Vorlage bewerten, wie du dich fühlst:

Was lief diese Woche besser als letzte?

Was muss noch verbessert werden?

Worauf bist du stolz?

Benutze hierfür auch folgende Skala, auf der du optisch festhalten kannst, wie zufrieden du mit deiner Woche warst und wie du dich gefühlt hast

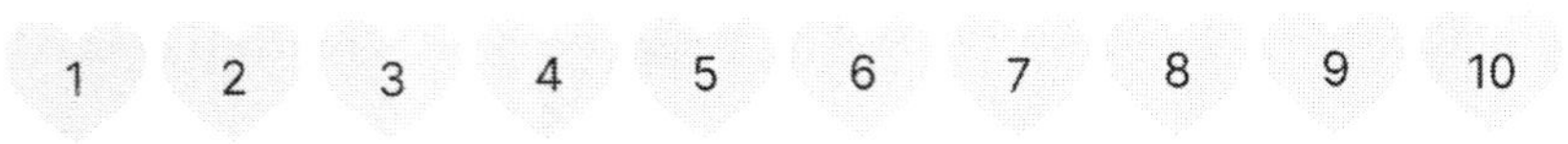

(1 = Minimum an Zufriedenheit; 10=Maximum an Zufriedenheit).

ÜBUNG 2

Schaffe Gewohnheiten, die sich für dich lohnen

Was ist eine Gewohnheit?

Eine Gewohnheit ist ein erlerntes Verhalten. Sie ist nicht angeboren, wir werden also nicht mit einer Gewohnheit geboren. Eine Tätigkeit wird durch viele Wiederholungen irgendwann automatisiert und wir führen sie aus, ohne darüber nachzudenken. Jüngsten wissenschaftlichen Studien zufolge liegt der Grund dafür, warum Gewohnheiten entstehen darin, dass unser Gehirn immer danach strebt, Anstrengung, Zeit und Energie zu minimieren, um sich selbst nicht zu überlasten.

Aktivitäten wie ausreichend Bewegung (Sport), die richtige Atmung oder eine gesunde Ernährung schaffen die Grundlage für kreative Prozesse bzw. schöpferische Dinge. Möchten wir also mehr Zeit und Energie für das Leben, was wir uns wirklich wünschen, entwickeln, ist es günstig, Tätigkeiten aus diesen Bereichen zu automatisieren, sprich "uns anzugewöhnen". Hierzu benötigen wir die Gelegenheit zu Wiederholungen. Bei der Frage, wie oft man eine Aktivität wiederholen muss, damit sie zur Gewohnheit wird, gibt es keine universelle Antwort. Zahlreiche Studien, die sich mit diesem Thema beschäftigt haben, kommen eher zu dem Schluss, dass es eine Frage der persönlichen Motivation ist und dass es von der Art der Tätigkeit abhängt, ob und wann sie zur Gewohnheit wird.

Wie schaffe ich Gewohnheiten?

Um Dinge zur Gewohnheit werden zu lassen, wählst du anfangs am besten eine Tätigkeit aus, die ohne viel Aufwand und leicht umzusetzen ist. Wichtig ist auch, dass du am besten heute noch mit der Umsetzung beginnst und konsequent jeden Tag die Aktivität wiederholst. Es ist besser, sich kleine, realistische Ziele zu setzen und an ihnen festzuhalten, als sehr ehrgeizige Ziele zu verfolgen, die du nicht erreichen kannst und bei denen du aufgeben musst. Du würdest dich dann möglicherweise gleich doppelt schlecht fühlen. Einfache Routinen können später jederzeit ausgebaut und ergänzt werden.

Es gibt Gewohnheiten, die für die Verbesserung des Selbstwertgefühls unerlässlich und somit unverzichtbar sind. Im Folgenden sind Beispiele aufgelistet, die leicht in das tägliche Leben integriert werden können und so oder leicht abgeändert automatisiert werden könnten

- Dreimal am Tag Zähne putzen

- Am Morgen duschen

- An drei Tagen in der Woche Sport treiben: Beginne mit einem festen Tag in der Woche und steigere dich langsam auf drei Tage. Vielleicht hast du auch Lust, jeden Tag in der Woche kleine Sporteinheiten zu absolvieren? Drei intensivere Sporteinheiten pro Woche sollten aber ab heute dein konsequent verfolgtes und umgesetztes Ziel sein.

- Ein fester Zeitplan, wann jeden Tag die Arbeit begonnen und beendet wird: Diese Gewohnheit ist vor allem für dich von Bedeutung, wenn du selbständig bist.

- Eine feste Formel für den Verzehr von vitaminreichen Nahrungsmitteln finden: z.B. drei Stücke Obst zwischen den Mahlzeiten / in den Arbeitspausen essen

Finde einen Weg, wie Routinen für dich leicht umgesetzt und etabliert werden können und bedenke dabei, dass jeder Mensch anders ist. Mache mit dir selbst Vereinbarungen und erstelle dir einen Plan. Beginne zunächst nur mit einer Gewohnheit. Erinnere dich daran, dass unser Gehirn stets darauf bedacht ist, Energie zu sparen. Wenn du es also mit zu vielen Veränderungen auf einmal überforderst, besteht die Gefahr, dass du nach einer Woche die Aktivität über Bord wirfst. Wenn du eine Gewohnheit etabliert hast, nimm dir die nächste Tätigkeit vor und du wirst sicherlich schaffen, diese zur Routine werden zu lassen.

Gewohnheiten, die ich verändere/etablieren werde:

Beispiel Skizze:

Nimm Dir ein leeres Buch, Block oder leere Blätter in einem Schnellhefter, wo Du Deine Tabellen, Listen, Bilder usw. skizzieren und schreiben kannst

Woche 1

Montag:

Dienstag:

Mittwoch:

Donnerstag:

Freitag:

Samstag:

Sonntag:

Woche 2

Montag:

Dienstag:

Mittwoch:

Donnerstag:

Freitag:

Samstag:

Sonntag:

Woche 3

Montag:

Dienstag:

Mittwoch:

Donnerstag:

Freitag:

Samstag:

Sonntag:

Woche 4

Montag:

Dienstag:

Mittwoch:

Donnerstag:

Freitag:

Samstag:

Sonntag:

... usw.

ÜBUNG 3

Setze klare Grenzen

Immer dann, wenn du es nicht schaffst, in deinen persönlichen, beruflichen oder sozialen Beziehungen Grenzen zu setzen, vernachlässigst du vermutlich deine eigenen Bedürfnisse. Klare Grenzen zu setzen, ist jedoch wichtig für dein emotionales Wohlbefinden und dein Selbstwertgefühl.

Es gibt verschiedene Werkzeuge der selbstbewussten Kommunikation und der emotionalen Intelligenz, mithilfe derer du deutlich machen kannst, was du wirklich willst.

Unser Überlebensinstinkt hindert uns häufig daran, Grenzen zu setzen: Der Mensch ist von Natur aus ein soziales Wesen. Wir möchten im Gemeinschaftsleben und im Teamwork reibungslos funktionieren. Deshalb versuchen wir mittels unseres Verstands, uns selbst zu schützen und auf die Wünsche anderer einzugehen, anstatt auf Konfrontation zu setzen. Und dann ist da noch die Angst vor Ablehnung oder die Angst, verurteilt zu werden.

Es geht also darum, klare Grenzen zu setzen, neu zu erlernen oder gegebenenfalls zu verändern. Hier sind einige Schritte, die dir helfen werden:

- Finde heraus, wo deine Grenzen liegen. Es gibt hierfür ein sehr mächtiges Werkzeug, nämlich deine Gefühle. Sie sagen dir, ob du dich gut oder schlecht fühlst oder wann eine Grenze überschritten wird. Finde also heraus, welche Emotion gerade vorherrscht: Frustration, Traurigkeit, Wut? …

In diesem Zusammenhang können die folgenden Fragen hilfreich sein:

- Wie geht es mir?
- Welche Gedanken habe ich?
- Wodurch würde ich mich besser fühlen?

Um in deinem Leben Grenzen zu setzen, musst du zuerst herausfinden, was du bereit bist, zu akzeptieren. Das ist nicht immer leicht, aber nimm dir Zeit, höre auf dich selbst und schalte den Autopiloten aus. Halte deine Antworten auf diese Fragen mindestens eine Woche lang schriftlich fest.

- Akzeptiere und liebe dich. Wenn wir Zuneigung von den Menschen um uns herum erhalten möchten, tappen wir leicht in die Falle, Pläne zu machen oder Handlungen durchzuführen, die wir nicht wollen. Verstehe, dass du nie von allen geliebt werden wirst. Es gibt so viele unterschiedliche Persönlichkeiten, Standpunkte und Temperamente, dass es immer jemanden geben wird, dem du es nicht recht machen kannst. Wenn du also konsequent das tust, was du wirklich willst, wirst du dich zufrieden fühlen, ohne von dem abhängig zu sein, was andere für dich tun.

- Respektiere die Grenzen der anderen. Wenn du diese Regel beachtest, wird es auch für andere Menschen leichter sein, deine Grenzen zu respektieren. Du verstehst die Gründe vielleicht nicht, aber dein Gegenüber bringt dadurch etwas zum Ausdruck, was für es selbst von Bedeutung ist. Schätze also die Meinung deiner Mitmenschen und gib ihnen das Gefühl, dass auch sie ihre eigenen klaren Grenzen setzen dürfen.

- Akzeptiere, dass du Grenzen setzen musst, damit Veränderungen schrittweise in dein Leben integriert werden können. Der Verstand benötigt Zeit, um umzulernen und Dinge anders zu machen. Lass dich nicht entmutigen, wenn du es an einem Tag nicht geschafft hast, dir über deine Grenzen klar zu werden. Alles benötigt Zeit und Übung. Es ist gut, deine Grenzen im Nachhinein zu analysieren: Was ist passiert? Welche Gedanken haben mich daran gehindert, meinen Standpunkt klarzumachen?

- Erkenne, dass die Frage, ob deine Grenzen von deinem Gegenüber akzeptiert werden, nicht von dir abhängt. Wenn du Grenzen setzt, liegt es nicht an dir zu wissen, ob die andere Person sie verstehen oder respektieren wird. Du bemühst dich lediglich, deinen Standpunkt oder deine Grenze klar und liebevoll zu kommunizieren. Du musst jedoch verstehen, dass du dir die Reaktion deines Gegenübers nicht aussuchen oder sie ändern kannst. Deshalb ist es am besten, wenn du dich darauf konzentrierst, den Teil, der dir zusteht, selbstbewusst zu erledigen und dabei klar und deutlich zu sprechen.

ÜBUNG

Meine persönlichen Grenzen kommunizieren und wahren

Mit dieser Übung lernst du Techniken, die dir helfen, deine persönlichen Grenzen auszudrücken und sie zu bewahren.

- Formuliere deine Gefühle oder Gedanken einfach und gut verständlich, wenn du über einen Konflikt oder eine bestimmte Situation sprichst. Beispiel: „Ich bin traurig, wenn …". „Ich bin verärgert, wenn …". „Ich bin enttäuscht, dass …“

- Drücke klar und konkret aus, was du tun willst oder möchtest und welche Lösung du für eine bestimmte Situation vorschlägst. Beispiel: „Ich möchte, dass …", „Ich würde vorziehen …", statt: “Wir könnten …“

- Mache deutlich, dass du die Position oder Haltung der anderen Person kennst, aber bleibe standhaft bzgl. deiner Haltung. Beispiel: „Ich verstehe und respektiere deine Gründe. Aber ich fühle mich auch betroffen von dem, was passiert ist …“

- Lege eine Verpflichtung für beide Parteien fest, bei der alle mit den Ergebnissen zufrieden sein können (da es ein gemeinsames Ziel gibt). Beispiel: „Ich kann mich zu XY verpflichten und du könntest XY tun. Auf diese Weise helfen wir einander. …“

- Versuche, deine Gefühle klar auszudrücken, indem du neutrale Formulierungen verwendest. Beispiel: „Es scheint so, als wäre dieses Problem schwer zu lösen, meinst du nicht auch? Wir müssen nicht sofort eine

Lösung finden. Das Wichtigste ist jetzt, dass wir darüber reden …“

Jetzt, wo du die Techniken kennst, ist es an der Zeit, sie in die Praxis umzusetzen. Gehe zurück zu den persönlichen Grenzen, über die du dir am Anfang der Übung Gedanken gemacht hast. Stelle dir hypothetische Situationen vor, in denen du sie deinen Lieben oder Menschen in deinem Umfeld mitteilen musst. Du kannst dir auch reale, aktuelle Situationen vorstellen, in denen du Grenzen setzen musst.

Situation

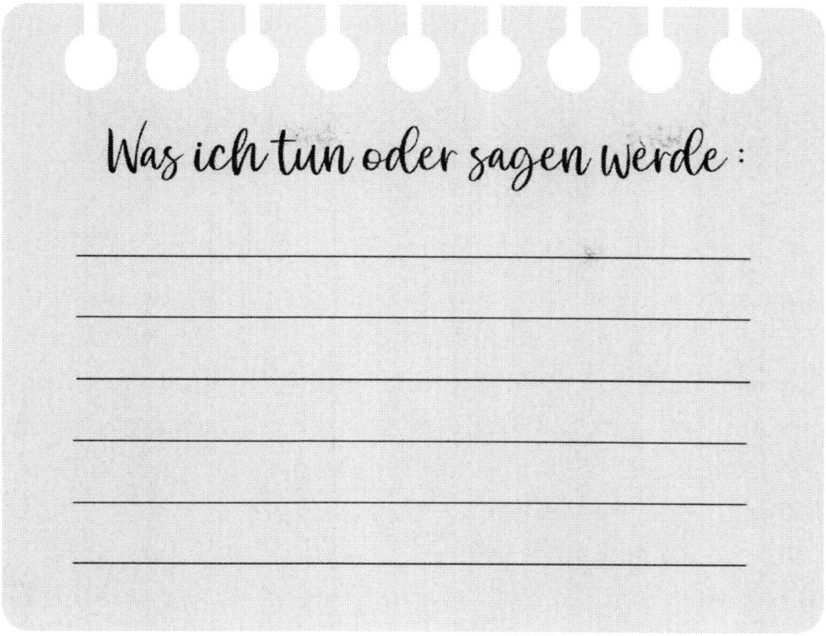

Beispiel Skizze:
Nimm Dir ein leeres Buch, Block oder leere Blätter in einem Schnellhefter, wo Du Deine Tabellen, Listen, Bilder usw. skizzieren und schreiben kannst

Je früher du anfängst, auf eine respektvolle Art und Weise klare und präzise Grenzen zu setzen, desto leichter wird es für andere Menschen sein, sie ebenfalls zu respektieren. Am Anfang ist es schwer. Es ist so, als wenn du anfangen würdest, ins Fitnessstudio zu gehen. Du weißt nicht, wie die Geräte funktionieren, welche Übungen du machen oder wie viel Gewicht du heben solltest. Aber mit Beharrlichkeit trainierst du von Mal zu Mal besser und stemmst immer stärkere Gewichte. Das Gleiche passiert mit dem Setzen von Grenzen: Je mehr wir unsere mentale Stärke trainieren, desto weniger schwer wird es uns fallen, anderen Menschen klare Grenzen zu setzen.

ÜBUNG 4

Konzentriere dich auf die kleinen Dinge im Leben

Häufig wenden wir viel Energie dafür auf, auf die langersehnte Urlaubsreise, den Wochenendausflug oder das Abendessen mit Freunden zu blicken. Wir warten auf große Dinge, die uns endlich glücklich machen und uns ausfüllen sollen. Der entscheidende Punkt liegt jedoch in den kleinen Dingen, in den Details des Lebens.

Wenn wir es schaffen, täglich kleine Dinge zu erleben, über die wir uns freuen, entwickeln wir das Gefühl, dass sich jeder Tag lohnt und uns erfüllt. Meistens sind diese Erlebnisse sowieso schon vorhanden, wir müssen nur lernen, sie zu erkennen und sie zu schätzen.

Hier sind ein paar Beispiele, mithilfe derer du dir bewusst machen kannst, auf wie viele kleine Schätze du vielleicht schon in deinem Leben blicken könntest: der Geruch von Kaffee am Morgen, ein Spaziergang alleine, deine Lieblingsserie, ein neues Buch, ein Blumengeschenk an dich selbst, eine kalte Dusche im Sommer, das Eis mit deinem Lieblingsgeschmack, dein persönliches Geschenk an einen guten Freund und sein Strahlen im Gesicht, die Umarmung deines Partners/deiner Partnerin, eine Dusche nach einem Tag am Strand, das Rauschen des Meeres, das Zwitschern der Vögel, eine entspannende Massage ...

Hier ist nun eine kleine Übung, die dir hilft, dir Dinge, die du magst und über die du dich freust, bewusst zu machen:

Es ist ganz einfach: Alles, was du brauchst, ist ein Stift und ein ruhiger Ort, an dem du die Liste, die du unten erstellst, aufschreiben kannst.

Notiere jeden Tag drei Dinge, die du im Alltag bewusst wahrnehmen kannst und die du magst, egal, wie klein sie sind (wenn es mehr sind, ist das auch okay). Du wirst feststellen, dass es dir anfangs vielleicht schwerfällt, diese kleinen Dinge zu sehen, aber mit zunehmender Übung wird es dir viel leichter fallen.

Nach einem Jahr wirst du Hunderte von Dingen aufgelistet haben, die du liebst. Wenn du diese Tabelle durchgehst, wird dein Gesicht mit Sicherheit strahlen. Du wirst dich an besonders schöne Momente erinnern und dich in Situationen und Erinnerungen zurückversetzt fühlen, die dich mit Freude erfüllt haben.

Diese Dinge/Aktivitäten/Erlebnisse liebe ich:

1 ______ 2 ______ 3 ______
4 ______ 5 ______ 6 ______
7 ______ 8 ______ 9 ______
10 ______ 11 ______ 12 ______
13 ______ 14 ______ 15 ______
16 ______ 17 ______ 18 ______
19 ______ 20 ______ 21 ______
22 ______ 23 ______ 24 ______
25 ______ 26 ______ 27 ______
28 ______ 29 ______ 30 ______
31 ______ 32 ______ 33 ______
34 ______ 35 ______ 36 ______
37 ______ 38 ______ 39 ______
40 ______ 41 ______ 42 ______
43 ______ 44 ______ 45 ______
46 ______ 47 ______ 48 ______
49 ______ 50 ______ 51 ______

52	______	53	______	54	______
55	______	56	______	57	______
58	______	59	______	60	______
61	______	62	______	63	______
64	______	65	______	66	______
67	______	68	______	69	______
70	______	71	______	72	______
73	______	74	______	75	______
76	______	77	______	78	______
79	______	80	______	81	______
82	______	83	______	84	______
85	______	86	______	87	______
88	______	89	______	90	______
91	______	92	______	93	______
94	______	95	______	96	______
97	______	98	______	99	______
100	______		______		______

Beispiel Skizze:

Nimm Dir ein leeres Buch, Block oder leere Blätter in einem Schnellhefter, wo Du Deine Tabellen, Listen, Bilder usw. skizzieren und schreiben kannst

Monatsübersicht zu deiner emotionalen Befindlichkeit:

Schreibe jeden Tag auf, wie du dich fühlst, indem du das Kürzel für die jeweilige Emotion in den jeweiligen Kalendertag einträgst.

G	R	M	T	Ä	W	A

glücklich	ruhig	müde	traurig	ängstlich	wütend	andere

1	2	3	4	5	6	7
8	9	10	11	12	13	14
15	16	17	18	19	20	21
22	23	24	25	26	27	28
29	30	31				

Beispiel Skizze:

Nimm Dir ein leeres Buch, Block oder leere Blätter in einem Schnellhefter, wo Du Deine Tabellen, Listen, Bilder usw. skizzieren und schreiben kannst

ÜBUNG 5

Lerne, nein zu sagen

Du bist es wert, JA zu dir selbst zu sagen. Jeden Tag treffen wir viele Entscheidungen. Jede dieser Entscheidungen sollte mit unseren Gedanken, unseren Werten und unserer Lebensphilosophie in Einklang stehen. Wir sollten mit jeder Entscheidung, die wir treffen, treu zu uns selbst sein. Nur dann bringt sie uns unserem Ziel näher.

Hast du manchmal das Gefühl, dein Leben nicht wirklich leben zu können und nichts so richtig entscheiden zu dürfen? Häufig resultiert dieses Gefühl aus dem Unvermögen, NEIN sagen zu können.

NEIN zu sagen, kann wirklich kompliziert sein. Es gibt zwei sehr starke Emotionen, die uns zurückhalten und es uns schwer machen können: Das eine Gefühl ist die Angst; Angst vor der Reaktion anderer, die Angst jemanden zu beleidigen oder zu verletzen und die Angst, dass jemand wütend werden könnte. Eine andere Emotion, welche verhindert, dass wir NEIN sagen, ist das Vorhandensein von Schuldgefühlen. Diese stellen sich oft ein, wenn wir das Gefühl haben, die Erwartungen, die unsere Rolle an uns stellt, nicht erfüllen zu können: "Wenn ich Nein sage, bin ich keine gute Arbeitskraft, Freundin, Tochter ..."

Das ist ein sehr häufiges Problem bei Menschen mit geringem Selbstwertgefühl, denn sie haben negative Vorstellungen von sich und ihren Fähigkeiten. Sie denken, dass sie bestimmte Situationen nicht bewältigen können.

Die Schwierigkeit, Nein zu sagen, manifestiert sich wiederum in allen Bereichen unseres Lebens. Wenn es dir schwerfällt, am Arbeitsplatz Nein zu sagen, fällt es dir wahrscheinlich auch schwer, bei deinen Freunden und in deiner Familie Nein zu sagen. Deshalb müssen wir die Kunst des Neinsagens trainieren. Wir müssen lernen, öfter und mit mehr Überzeugung NEIN zu sagen:

Das Erste, was du tun musst, ist, die früheren Situationen zu erkennen, in denen du Ja gesagt hast, aber gerne Nein gesagt hättest. Du solltest prüfen, in welchem Kontext und mit welchen Menschen dir dies passiert ist.
Anschließend solltest du dir deine Gedanken und Gefühle bewusst machen, die dich dazu bringen, Ja zu sagen, obwohl du in Wirklichkeit Nein sagen willst.
Analysiere schließlich die Absichten des Gegenübers, welche Art von Beziehung du zu ihm hast, was du glaubst, dass es von dir erwartet, ob es versucht, dich zu manipulieren, wie viel Vertrauen es in dich hat.

Übung für die kommende Woche:

In der kommenden Woche wirst du zu jedem Vorhaben, welches an dich herangetragen wird, sei es in der Arbeit, bei Freunden oder in der Familie, erst einmal NEIN sagen. Wenn du deine Meinung änderst, kannst du immer noch dein NEIN zurückziehen. Damit kannst du die Gewohnheit durchbrechen, zu fast allem JA zu sagen.

Wenn du nicht direkt NEIN sagen kannst, wende die Technik des selbstbewussten Aufschiebens an: Das ist eine sehr effektive Technik, welche eingesetzt werden kann, wenn uns die Situation überfordert und wir im Moment nicht bereit sind, eine

Entscheidung zu treffen. Du zögerst dabei die Antwort hinaus und gibst zu verstehen, dass du erst darüber nachdenken musst.

Beispiel: "Ich kann dir jetzt nicht antworten. Lass mich sehen, was ich in den nächsten Tagen zu tun habe, und ich werde dir morgen etwas dazu sagen."

Denke daran: Jedes Mal, wenn du NEIN zu etwas sagst, das du nicht willst, sagst du JA zu dir selbst.

ÜBUNG 6

Wähle deine Freunde sehr bewusst

Zwischenmenschliche Beziehungen sind komplexe Prozesse. Bevor das Band der Freundschaft geknüpft wird, findet ein unbewusster Auswahlprozess statt, der sich auf diejenigen Dinge konzentriert, die wir mit anderen Menschen gemeinsam haben. Das ist es, was wir "Kompatibilität" nennen.

Da wir unsere soziale Identität in Gruppen entwickeln, ist es von Bedeutung, über die Mechanismen Bescheid zu wissen, wie Freundschaften entstehen. Sozial erlernte Verhaltensweisen sind meist unbewusst. Somit verhalten wir uns oft so wie unsere soziale Bezugsgruppe. Deshalb müssen wir sicherstellen, dass wir dieselben Werte teilen.

Wenn wir unsere Freunde von Anfang an richtig auswählen, ersparen wir uns die Enttäuschung, sollten wir feststellen, dass die, die wir für unsere Freunde gehalten haben, nicht wirklich unsere Freunde sind, ebenso wie die Frustration, wenn wir Freundschaften gewählt haben, die uns nichts bringen oder die uns sogar von unseren Grundwerten entfremden.

Wenn es also darum geht, neue und gute Freunde zu finden, solltest du folgende Punkte im Hinterkopf behalten:

- Es muss beidseitig Sympathie vorhanden sein: Auch wenn wir viele Gemeinsamkeiten haben, sollten wir das Gefühl haben, dass wir die andere Person mögen und dass die Kommunikation fließen darf. Wenn wir eine

Beziehung erzwingen müssen, ist das ein Zeichen dafür, dass sie auf Dauer nicht funktionieren wird.

- Sprich über deine Interessen. Erwähne deine Hobbys und erfrage diejenigen deines Gegenübers. Somit kannst du herausfinden, wer dir ähnlich ist und mit wem du Gemeinsamkeiten hast.

- Starte mit neuen Aktivitäten, um deinen Bekanntenkreis zu erweitern. Du kannst dich für eine neue Sportart anmelden, einem Fitnessstudio beitreten, in die Bibliothek gehen oder an verschiedenen Orten spazieren gehen. Weitere Möglichkeiten sind Kurse im musischen oder kreativ-künstlerischen Bereich.

- In einer Freundschaft muss Toleranz herrschen. Differenzen können bestehen, aber der Andere sollte stets mit Respekt behandelt werden. Wenn du das Gefühl hast, dass dich jemand nicht respektvoll behandelt, solltest du überlegen, ob es sich lohnt, weiterhin Zeit mit dieser Person zu verbringen.

- Beobachte, wie dein Gegenüber mit anderen Menschen umgeht. Dein Freund/deine Freundin mag dich sehr gut behandeln, aber bevor du jemanden in dein Leben lässt, ist es wichtig zu beobachten, wie er/sie mit Menschen um sich herum interagiert (Eltern, Geschwister, Freunde ...). Hör auf, Zeit mit Menschen zu verbringen, nur um nicht allein zu sein. Wenn du diese Zeit nicht genießt, ist sie es nicht wert. Es liegt an dir, einen Raum zu schaffen, in dem du neue Freunde finden kannst. Freunde, die dich anregen, dich verstehen, dich unterstützen und bei denen du das Gefühl hast, dass du ganz du selbst sein kannst.

Hier ist eine Übung, mit der du die Menschen um dich herum und diejenigen, die du als deine Freunde betrachtest, leicht analysieren kannst.

- Wähle diejenigen fünf Menschen aus, mit denen du die meiste Zeit verbringst, sowohl persönlich als auch virtuell. Wähle sie nicht danach aus, wie sehr du sie magst, sondern nach der Zeit, die du mit ihnen verbringst. Trage sie in Spalte A ein.

- Schreibe in Spalte B die positiven und negativen Eigenschaften auf, die diese Menschen auszeichnen. Zum Beispiel: motiviert mich, entmutigt mich ...

- Schreibe in Spalte C auf, wie du dich dabei fühlst. Beantworte diese Fragen: Macht er/sie mich stark? Langweilt er/sie mich? Fühle ich mich durch ihn/sie inspiriert, meine Ziele zu verfolgen?

- Setze in Spalte D ein Plus (+) Zeichen für die Menschen, die dich bestärken und ermutigen, deine Ziele zu verfolgen. Setze ein Minus (-) Zeichen für die Leute, die dich wegstoßen. Und ein (=) Zeichen für diejenigen, die wenig Einfluss auf dein Leben haben.

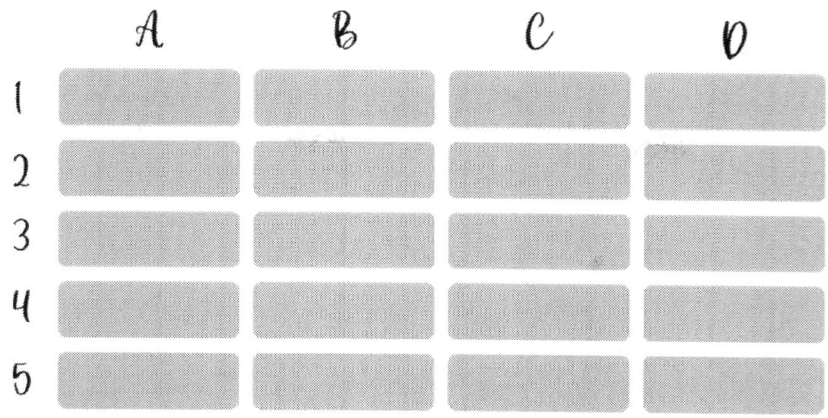

Beispiel Skizze:
Nimm Dir ein leeres Buch, Block oder leere Blätter in einem Schnellhefter, wo Du Deine Tabellen, Listen, Bilder usw. skizzieren und schreiben kannst

Jetzt ist es an der Zeit, Bilanz zu ziehen und zu analysieren, welche Art von Beziehungen du hast.

Person (+) schenkt dir Energie

Verbringe weiterhin Zeit mit diesem Menschen und wenn möglich, stärke diese Freundschaft. Stelle sicher, dass dieser Mensch deine Ziele gut kennt, denn er kann in wichtigen Momenten eine starke Unterstützung sein.

Person (-) entzieht dir Energie

Wenn dir dieser Mensch Energie raubt, solltest du darüber nachdenken, ob es eine Möglichkeit gibt, die Beziehung zu verbessern. Wenn das nicht möglich ist, könnte es an der Zeit sein, Abstand zu nehmen. Du könntest versuchen, diesem Menschen mitzuteilen, wie du dich fühlst.

Person (=) trägt wenig zu deiner Entwicklung bei

Es ist offensichtlich, dass diese Person wichtig für dich ist, deshalb hast du sie in das Kästchen aufgenommen. Aber in diesem Fall geht es eher darum, dass du dich mit ihr amüsierst, als dass sie deinem persönlichen Wachstum dient. Teile deine Ziele und wichtigen Aktivitäten mit ihr und lade sie dazu ein, dich bei den Dingen zu unterstützen, die für dein persönliches Wachstum von Bedeutung sind.

ÜBUNG 7

Nimm dir Zeit für dich

Für viele Menschen ist es unangenehm, Zeit allein zu verbringen und Aktivitäten ohne Begleitung auszuüben. Was denkst du, wenn du eine Person siehst, die beispielsweise allein zu einer Weinprobe geht? Bemitleidest du sie insgeheim, weil du denkst, sie habe keine Freunde, mit denen sie gehen könne? Oder denkst du, dass sich diese Person bewusst dazu entschieden hat, allein zu der Veranstaltung zu gehen? Vermutlich hast du dich für die erste Variante entschieden.

Oft machen wir uns Sorgen, was unsere Mitmenschen sagen werden, wenn sie sehen, dass man die Aktivität XY allein ausübt. Jedoch kann das Alleinsein so bereichernd und entspannend sein! Es ermöglicht uns, unsere Persönlichkeit zu entwickeln, unsere Batterien aufzuladen, das Selbstbewusstsein und die wahren Interessen zu entwickeln, da wir nicht mehr dem Einfluss anderer Menschen ausgesetzt sind, und es hilft uns, unsere Emotionen zu kontrollieren.

Kultiviere also deine Liebe zum Alleinsein, gönne dir jede Woche eine heilige Stunde, für die du Pläne mit dir selbst schmiedest. Denk an den Film, den du im Kino sehen willst, an das neue Restaurant, das du ausprobieren möchtest. Geh in die Natur und genieße die Einsamkeit. Am ersten Tag wirst du dich vielleicht ein wenig seltsam fühlen, aber wenn du dich daran gewöhnt hast, dich mit dir selbst zu verabreden, wirst du sehen, wie sehr du das genießt.

Hier ist eine Übung, die dir bei diesem Schritt helfen wird:

Erstelle eine Liste mit Aktivitäten, die du allein machen kannst, oder mit solchen, die du gerne machen würdest, dich aber im Moment nicht traust, sie zu tun. Lege ein Datum und eine Uhrzeit für deine heilige Stunde fest. Und entscheide dich jetzt, welche Aktivität von deiner Liste du in Angriff nehmen willst.

Hier bekommst du eine Liste mit Ideen, falls es dir an Inspiration fehlt:

- meditieren
- Yoga machen
- einen Kaffee an einem netten Ort trinken
- im Park lesen
- einen Spaziergang im Wald machen
- einen Baum umarmen
- dir selbst eine Massage geben
- ein Bier trinken gehen
- ins Kino oder ins Theater gehen
- einen Keramikkurs besuchen
- ein Instrument spielen
- mit Aquarellfarben malen

- schreiben
- etwas lernen, was du schon immer wolltest, aber versäumt hast
- dich in Achtsamkeit üben

ÜBUNG 8

Entrümple und vereinfache dein Leben

Wir häufen so lange Gegenstände, Verpflichtungen und Informationen an, bis unser tägliches Leben mit unnötigen Dingen völlig überfrachtet ist. Oft denken wir, dass wir nur erfolgreich sind, wenn wir alle Slots in unserer Agenda gefüllt haben. Möchten wir allerdings mehr Zeit für unsere Prioritäten haben, müssen wir alles streichen, was verzichtbar ist und nur unsere Existenz erschwert.

Befreie dich von deiner Last und du gewinnst deine Lebensenergie zurück!

Eliana St. James macht in ihrem Buch mit dem Titel „Simplify Your Life" eine Reihe interessanter Vorschläge zur Vereinfachung des Lebens, wie zum Beispiel in ein kleineres Haus umzuziehen, die Garderobe klein und überschaubar zu halten, Finanzen und Investitionen zu regeln oder eine Stunde früher aufzustehen. Derartig wertvolle Tipps werden dir zweifelsohne helfen, viele Aspekte deines Lebens zu vereinfachen.

Du kannst auch die sogenannte Kaizen-Methode verwenden. Die Theorie dahinter besagt, dass Desorganisation dazu führt, dass unser Leben chaotischer und letztlich komplizierter wird. Die Kaizen-Philosophie empfiehlt eine kleine Vereinfachung für eine große Veränderung. Wenn wir uns nur ein einziges Ziel zur Vereinfachung unseres Lebens setzen, dies dafür aber jede Woche erreichen, werden wir nach einem Jahr eine große Veränderung spüren können.

Erstelle daher eine Liste mit Dingen und Aufgaben/Zielen, die du entrümpeln kannst und beginne heute damit, dein Leben zu vereinfachen. Diese Vorlage wird für dich sehr nützlich sein.

werfe ich weg	verkaufe ich	verschencke ich

Beispiel Skizze:
Nimm Dir ein leeres Buch, Block oder leere Blätter in einem Schnellhefter, wo Du Deine Tabellen, Listen, Bilder usw. skizzieren und schreiben kannst

Monatsübersicht zu deiner emotionalen Befindlichkeit:

Schreibe jeden Tag auf, wie du dich fühlst, indem du das Kürzel für die jeweilige Emotion in den jeweiligen Kalendertag einträgst.

G	R	M	T	Ä	W	A
glücklich	*ruhig*	*müde*	*traurig*	*ängstlich*	*wütend*	*andere*

1	2	3	4	5	6	7
8	9	10	11	12	13	14
15	16	17	18	19	20	21
22	23	24	25	26	27	28
29	30	31				

Beispiel Skizze:

Nimm Dir ein leeres Buch, Block oder leere Blätter in einem Schnellhefter, wo Du Deine Tabellen, Listen, Bilder usw. skizzieren und schreiben kannst

ÜBUNG 9

Verabschiede dich von „ich sollte"

Wir sagen oft zu uns selbst: „Ich sollte abnehmen", „Ich sollte produktiver sein", „Ich sollte mehr Sport treiben", „Ich sollte eine Fremdsprache lernen"...

Bleiben diese Vorsätze nur Wunschdenken und werden sie nicht in die Tat umgesetzt, rauben sie uns unsere Energie. Anstatt uns zu motivieren, bereiten uns solche Gedanken ein schlechtes Gewissen und blockieren uns beim Erreichen unserer Ziele.

Beobachte ein paar Tage lang deine inneren Monologe und spüre dabei nach, wie du dich fühlst. Wenn du das "Ich sollte…" oder das "Ich muss…" genauer unter die Lupe nimmst, wirst du sehen, dass es häufig nicht für dich arbeitet, denn du reihst im Grunde innerlich nur einen Vorwurf an den nächsten. Vorhaben sind per se nichts Schlechtes. Sie zeigen, dass du etwas in deinem Leben verändern möchtest. Dennoch stellt sich die Frage, wann der richtige Zeitpunkt für die Veränderung gekommen ist. Hast du diesen schon erkannt und bewusst benannt?

Folgende Fragen können dabei helfen, belastende Vorsätze zu transformieren:

- "Welche Ziele belasten mich eigentlich?": Wenn du im letzten Jahr nichts getan hast, um sie zu erreichen, solltest du sie sofort über Bord werfen.

- "Was will ich im nächsten Monat wirklich erreichen?": Überlege, was du wirklich brauchst. An diesem Punkt formulierst du jetzt dein neues Ziel mit den Worten: "Ich werde...", anstatt "Ich sollte..."

Beachte aber bitte, dass es Ziele gibt, auf die wir nicht verzichten sollten, wie z.B. Sport bzw. ausreichend Bewegung. Bezogen auf dieses Beispiel könntest du zur Umsetzung deines Ziels nun unter anderem ein Treffen für einen gemeinsamen Spaziergang organisieren oder dich zu einer Schnupperstunde in einer neuen Sportart anmelden.

ÜBUNG

Um das „Ich sollte..." zu eliminieren

Denke über die vor dir liegende Woche nach und schreibe in ein Notizbuch alle „Ich sollte..."-Gedanken auf, die dir in den Sinn kommen. Alle. Je mehr, desto besser.

Beispiel Skizze:
Nimm Dir ein leeres Buch, Block oder leere Blätter in einem Schnellhefter, wo Du Deine Tabellen, Listen, Bilder usw. skizzieren und schreiben kannst

Mithilfe der folgenden Fragen kannst du über diese Vorsätze noch einmal nachdenken und sie ordnen, indem du sie aufschreibst. Antworte ehrlich und nimm dir die Zeit, diese Übung durchzuführen.

- Analysiere jeden Punkt auf deiner Liste und frage dich dabei: "Muss ich das wirklich tun?" - "Ist es das, was ich tun will oder das, was ich tun muss?"

- Viele deiner „Ich sollte…"-Gedanken stimmen nicht mit dem überein, was du wirklich willst. Um das Thema weiter zu verfeinern, fragst du dich nun: "Was brauche ich?"

- Nutze nun die folgende Tabelle, um deine Überlegungen zu kategorisieren und notiere sie.

- Schreibe in die erste Spalte alle "Ich sollte…"-Gedanken, die du oben aufgelistet hast und schreibe daneben, wie du dich dabei fühlst.

- Verwandle in der zweiten Spalte das "Ich sollte…" in ein "Ich will…" und schreibe wieder daneben, wie dich das fühlen lässt.

- Um die dritte Spalte zu vervollständigen, beantworte nun die folgende Frage: "Ist es wirklich notwendig, das zu tun, was ich tun will?", "Was würde ich stattdessen tun, wenn es dieses "Ich will…" nicht gäbe?"

Selbstverständlich können wir nicht immer alle Verpflichtungen und Vorsätze, die wir mit uns herumtragen, eliminieren. Diese

Übung wird dir jedoch helfen, Prioritäten zu setzen und zu entscheiden, was du wirklich tun willst.

Visualisiere diese Tabelle immer wieder und versuche, in der nächsten Woche alle "Ich sollte…"-Gedanken durch diese drei Filter laufen zu lassen.

Ein Beispiel: Den Gedanken "Ich sollte mich mehr herausputzen" ersetzt du zukünftig durch "Ich will mich mehr herausputzen", ergänzt durch die Frage, ob du das tatsächlich brauchst. Beginne anschließend sofort, dein "Ich will…"-Vorhaben in die Tat umzusetzen.

Ich muss	Ich will	Ich brauche

Beispiel Skizze:

Nimm Dir ein leeres Buch, Block oder leere Blätter in einem Schnellhefter, wo Du Deine Tabellen, Listen, Bilder usw. skizzieren und schreiben kannst

ÜBUNG 10

Setze deine Zeit effizient ein

Dinge, die uns von unseren eigentlichen Zielen ablenken, wiegen schwer, denn sie rauben uns Zeit und Energie. Statt unseren Alltag mit Aktivitäten zu überfrachten, sollten wir uns darüber im Klaren sein, welches Leben wir leben möchten und was für die Verwirklichung dessen wichtig ist. Es geht darum, produktiv zu sein und all dasjenige zu vermeiden, was Zeit und Energie verschwenden würde.

Hier sind einige Ideen, die dir helfen können, deine Zeit sinnvoll und gewinnbringend einzusetzen:

- Schaffe ein simples Arbeitssetting: Versuche, externe Ablenkungen zu reduzieren, damit du dich besser auf die anstehenden Aufgaben konzentrieren kannst.

- Mach dir bewusst, welche schlechten Angewohnheiten zum Ver- und Aufschieben von anstehenden Tätigkeiten führen. Probiere verschiedene Strategien zum Zeitmanagement aus.

Eine davon ist die sogenannte "Pomodoro-Technik": Diese Methode besteht aus fünf Phasen: Planung, Aufzeichnung, Registrierung, Bearbeitung und Visualisierung.

1. Erstelle eine Liste mit den Aufgaben, die du erledigen musst.
2. Wähle eine bestimmte Aufgabe aus.
3. Stelle den Timer auf 25 Minuten ein und positioniere ihn so, dass du die verbleibende Zeit immer im Blick hast. Beginne

mit der ersten Aufgabe. Während dieser 25 Minuten darfst du dich nicht ablenken lassen oder die Aufgabe unterbrechen. Nichts und niemand darf in dieser Zeit deine Arbeit stören.

4. Wenn der Timer abgelaufen ist, markierst du die Aufgabe auf deiner Liste als bearbeitet und machst eine Pause von etwa fünf Minuten. In dieser Pause solltest du abschalten, damit dein Gehirn verarbeiten kann, was du in diesen 25 Minuten getan hast. Mache in dieser Zeit nichts, was mit der vorherigen oder der nächsten Aufgabe zu tun hat.
5. Wenn du die Pause beendet hast, stellst du den Timer für einen zweiten Pomodoro ein.

Eine andere Technik basiert auf dem 80/20-Prinzip von Pareto: Diese Theorie, die der italienische Ökonom Vilfredo Pareto Ende des 19. Jahrhunderts entwickelte, beruht auf dem Grundsatz, dass 80 % des Nutzens, den wir bei einer Aufgabe erzielen, das Produkt von nur 20 % der Handlungen sind, aus denen sie besteht; gleichzeitig erzeugen 80 % der Handlungen in einem Prozess 20 % seines Nutzens.

Das Pareto-Prinzip ist nicht gerade ein Werkzeug zur Verbesserung des Zeitmanagements, aber es kann nützlich sein, um die wichtigsten Aktionen in einem Prozess zu identifizieren und sich deshalb mit größerer Entschlossenheit, Effizienz und Klarheit auf sie zu konzentrieren und so die in einem Arbeitsablauf aufgewandte Zeit zu optimieren.

Mach das Beste aus deinen produktivsten Momenten: Bist du ein Morgenmensch oder eine Nachteule? Es ist essenziell, zu wissen, zu welchen Tageszeiten du über die meiste Energie verfügst. So kannst du deinen Tag strukturieren und die Aufgaben, die die meiste Konzentration erfordern, in den Zeiten erledigen, in denen du am produktivsten bist. Das macht dich effizienter, weil du die gleiche Aufgabe in kürzerer Zeit erledigst.

Vermeide Multitasking: Obwohl wir scheinbar mehr als eine Sache gleichzeitig erledigen können, ist das nicht optimal. Wenn du versuchst, zwei Aufgaben gleichzeitig zu erledigen, verarbeitet dein Gehirn Informationen viel langsamer. Das hat zur Folge, dass du, anstatt eine Sache gut zu machen, am Ende zwei Dinge nicht optimal erledigst.

Setze Prioritäten bei der Arbeit: Manchmal haben wir so viel Arbeit, dass wir nicht wissen, wo wir anfangen sollen. Erstelle eine Liste mit Aufgaben und ordne sie nach ihrer Dringlichkeit.

Lerne, NEIN zu sagen: Es gibt Zeiten, in denen sich die Arbeit stapelt. Wenn wir lernen, unsere Prioritäten zu setzen, oder wenn wir Projekte ablehnen, weil wir sie nicht annehmen können, macht uns das nicht zu schlechten Menschen oder Arbeitnehmern.

Beseitige also Ablenkungen, stecke dein Handy weg oder belasse es im Flugmodus. Stelle einen Wecker ein, der dich zehn Minuten vor deinen anstehenden Verpflichtungen alarmiert und dich darauf hinweist, dass du nach einer gewissen Zeit eine Pause machen solltest. Schalte E-Mail-Benachrichtigungen und soziale Netzwerke auf deinem Computer aus. Bevor du mit der Arbeit beginnst, solltest du ein gutes Frühstück zu dir nehmen, ins Bad gehen und dich frisch machen. Integriere all das, was dir Spaß macht und dir die Arbeit erleichtert, in deinen Arbeitsablauf.

Es ist auch wichtig, Aufgaben zu klassifizieren, geistig Ordnung zu halten und zu wissen, wie man Prioritäten setzt. Hier ist eine Tabelle, in der du deine Aufgaben in drei Gruppen einteilen kannst:

DRINGENDE AUFGABEN:
Die Aufgaben, die keinen Aufschub dulden und die direkt zum Erreichen deiner Ziele führen. Das sind diejenigen, die wir als Erstes am Morgen erledigen sollten.

WICHTIGE AUFGABEN:
Das sind Aufgaben, die du im Kopf hast und die erledigt werden müssen, bei denen du aber noch einen gewissen zeitlichen Spielraum hast. Sie könnten bald auf die Dringlichkeitsliste gesetzt werden.

AUFGABEN, DIE GELÖSCHT WERDEN KÖNNEN:
Das sind all die Aufgaben, von denen du dachtest, dass du sie erledigen solltest, die du aber immer wieder aufschiebst. Wenn sie nach ein paar Wochen immer noch auf der Liste stehen, streiche sie, denn sie lenken dich nur ab.

Dringend	Wichtig	Löschen

Beispiel Skizze:

Nimm Dir ein leeres Buch, Block oder leere Blätter in einem Schnellhefter, wo Du Deine Tabellen, Listen, Bilder usw. skizzieren und schreiben kannst

ÜBUNG 11

Drei, zwei, eins... los!

Warum fällt es so schwer, manche Dinge zu erledigen? Es gibt Tage, an denen wir mit allem zurechtkommen und Tage, an denen uns alles über den Kopf zu wachsen scheint. Die große Mehrheit von uns hat eine Reihe von Plänen und Zielen im Kopf, die wir erreichen möchten. Aber manchmal fällt es uns schwer, uns an die Arbeit zu machen und loszulegen. Das ist normal. Es ist unmöglich, immer dieselbe Motivation und mentale Stärke zu haben. Wir sind Menschen und Höhen und Tiefen sind Teil der menschlichen Natur. Allerdings sind wir in Konsequenz häufig frustriert und unser Selbstwertgefühl und unser Wohlbefinden leiden.

Es gibt verschiedene Ursachen, warum es uns häufig so schwerfällt, damit zu beginnen, unsere Pläne und Ziele umzusetzen:

- Geringe Frustrationstoleranz: Wir können mitunter nur schwer akzeptieren, dass etwas nicht so läuft, wie wir es uns wünschen. Manche Menschen ertragen nicht das geringste Unbehagen, weil sie seit ihrer Kindheit daran gewöhnt sind, dass jede Herausforderung ohne Schwierigkeiten bewältigt werden kann.

- Angst: Dies ist einer der Hauptfaktoren, warum Menschen nicht damit anfangen, etwas zu tun, was sie gerne tun würden. Angst kann uns blockieren und uns daran hindern, unsere Ziele zu erreichen.

- Mangelnde Motivation: Wenn der Mensch etwas tun muss, was für ihn keinen Sinn ergibt, sinkt die Motivation zur Umsetzung. Fühlt man sich beispielsweise in seinem Job nicht wohl, fällt es umso schwerer, zur Arbeit zu gehen und die von einem geforderten Aufgaben zu erledigen.

- Unentschlossenheit: Bei unklaren Lebenszielen zögert man, einen ersten Schritt zu machen. Soll ich beispielsweise in meinem Beruf weiterarbeiten, der mich nicht wirklich erfüllt oder ist es sinnvoll, das Arbeitsverhältnis zugunsten einer Weiterbildung, eines Zusatzstudiums auf Eis zu legen? In diesem Fall ist es wichtig, sich bewusst zu werden, was man durch eine Veränderung im Leben einerseits gewinnen oder andererseits verlieren könnte. Ist dies nicht ohne Weiteres möglich zu beantworten, kann helfen, den ersten Schritt zu wagen, auch wenn sich nicht genau vorhersagen lässt, ob sich die Veränderung generell positiv auf die eigene Lebensentwicklung auswirken wird.

Wenn es dir also schwerfällt, etwas zu beginnen, denke nur an den ersten Schritt und fange mit der Veränderung an. Grüble nicht, wie weit du noch gehen musst, sondern konzentriere dich auf den gegenwärtigen Moment und jeden weiteren Schritt, den du machst.

Sag deinem Verstand: **"DREI, ZWEI, EINS… Und LOS!"**

Gib ihm keine Zeit, eine Ausrede zu finden, **beginne JETZT**!

ÜBUNG 12

Entsorge deine herkömmliche To-do-Liste

Viele Menschen schreiben sich regelmäßig To-do-Listen. Diese Listen warten dann häufig monatelang auf den Moment, abgearbeitet zu werden. Leider kommt für viele von ihnen aus dem ein oder anderen Grund dieser Moment nie.

Wie viel Zeit verbringst du pro Woche damit, deine To-do-Liste abzuarbeiten? Stehen auf deiner Liste Dinge, die dir immer wieder in den Sinn kommen? Verursachen sie bei dir Unbehagen, wenn du daran denkst? Schiebst du sie immer wieder auf? Wie lange stehen diese Punkte schon auf deiner Liste?

Meist nehmen wir uns mehr Dinge vor, als wir tatsächlich schaffen und wenn wir diese Liste nicht abarbeiten können, fühlen wir uns ineffektiv. To-dos, auch wenn du es nicht merkst, sind oft wie eine schwere Last auf deinem Rücken, wie ein Rucksack, den du jeden Tag trägst. "Belastend" wird der Rucksack dadurch, dass der Inhalt, den du gerne abarbeiten würdest, in Wirklichkeit von dir aufgeschoben wird.

Deshalb ist es notwendig, diese Liste umzustrukturieren:

- Streiche die anstehenden Aufgaben, von denen du weißt, dass du sie nicht erledigen wirst. Du wirst in der Zukunft einen Zeitpunkt finden, um sie zu bearbeiten.

- Erstelle eine realistische Liste, keine Wunschliste.

- Verbringe zwanzig Minuten am Tag mit einer der Aufgaben auf der Liste. Wenn du das nicht schaffst, wähle ganz bewusst einen Tag in der Woche aus, an dem du dich dieser Aufgabe gezielt widmest.

- Markiere erledigte Aufgaben auf deiner Liste gelb. So kannst du jedes Mal, wenn du darauf blickst, leicht erkennen, was du bereits getan hast. Dies wird dich motivieren.

Ich schlage auch vor, dass du eine Woche lang komplett auf die Liste verzichtest und sie vergisst. Konzentriere dich auf dein tägliches Leben, ohne dir Gedanken darüber machen zu müssen, was du noch alles erledigen musst. So fällt es dir leichter, neue Ziele zu sehen, und es kann eine neue Liste mit Aufgaben entstehen, die dir im Moment wichtiger sind, die du aber auf der anderen Liste nicht sehen konntest.

Monatsübersicht zu deiner emotionalen Befindlichkeit:

Schreibe jeden Tag auf, wie du dich fühlst, indem du das Kürzel für die jeweilige Emotion in den jeweiligen Kalendertag einträgst.

G	R	M	T	Ä	W	A

glücklich	ruhig	müde	traurig	ängstlich	wütend	andere

1	2	3	4	5	6	7
8	9	10	11	12	13	14
15	16	17	18	19	20	21
22	23	24	25	26	27	28
29	30	31				

Beispiel Skizze:
Nimm Dir ein leeres Buch, Block oder leere Blätter in einem Schnellhefter, wo Du Deine Tabellen, Listen, Bilder usw. skizzieren und schreiben kannst

ÜBUNG 13

Unterlasse es, andere ändern zu wollen - ändere dich selbst

Wie oft hast du schon versucht, jemand anderen zu ändern? Es liegt nicht an dir, dies zu tun. Egal, wie sehr wir uns anstrengen, wir werden es nicht schaffen. Das Einzige, was du tun kannst, ist zu versuchen, ein Vorbild oder eine Referenz für den anderen zu sein, dich also selbst zu ändern.

Was uns an anderen stört, ist nichts anderes als ein Spiegelbild unserer eigenen Schwächen. Wenn du eine Eigenschaft an jemandem nicht magst, dann liegt das wahrscheinlich daran, dass du sie selbst hast, sie aber nur beim Anderen sehen kannst. Es kann aber auch das Gegenteil der Fall sein: Wenn du ein perfektionistischer Mensch bist, ziehst du möglicherweise jemanden an, der weniger perfektionistisch ist. Deine Aufgabe ist dann vielleicht, dich zu entspannen und mit weniger Anspruch an die Dinge heranzugehen. Eine andere Aufgabe könnte darin bestehen, zu lernen, wie man sich von diesem Menschen distanzieren kann.

Warst du schon einmal wütend auf jemanden, weil derjenige sich nicht so verhielt, wie du es wolltest? Stell dir beispielsweise vor, du möchtest jemandem sagen, dass er aufhören soll, zu rauchen. Wenn dein Gegenüber das Rauchen nicht aufgeben will, wird es dies nicht tun. Es spielt hierfür keine Rolle, wie oft du mit ihm darüber sprichst, wie gut du argumentierst, wie sehr du die Vorteile des Nichtrauchens verteidigst. Erst wenn dein Gegenüber selbst beschlossen hat, mit dem Rauchen aufzuhören und dies auch wirklich will, wird es klappen.

Es ist wichtig zu verstehen, dass du nur dich selbst ändern kannst, genauso wie andere für sich selbst entscheiden müssen, was sie in ihrem Leben ändern wollen und dann mit den Konsequenzen leben müssen.

Verändere dich selbst und akzeptiere andere. Nimm wahr, was du von anderen lernen kannst. Versuche, ihre mentale Landkarte oder ihre Realität zu verstehen und somit die Gründe, warum sie so handeln, wie sie es tun. Der Versuch, sie zu ändern, ist eine riesige Energieverschwendung. Nutze stattdessen deine Ressourcen, an dir selbst zu arbeiten. Wenn du von anderen erwartest, dass sie dich so lieben, wie du bist, solltest du sie auch lieben.

KAPITEL 2

Kennst du dich selbst, kannst du dich lieben

Wenn wir jemanden treffen, zu dem wir uns hingezogen fühlen, wollen wir mehr über ihn erfahren. Wir möchten mehr über seine Geschmäcker, seine Gewohnheiten und Vorlieben herausfinden und treffen uns deshalb häufiger mit ihm. Wir treffen ihn alleine oder in einer Gruppe. Wir möchten wissen, womit er oder sie seinen/ihren Lebensunterhalt verdient, wofür er/sie sich begeistert. Wir wollen seinen/ihren Charakter und seine/ihre Persönlichkeit kennenlernen. Wir beobachten auch, wie er/sie auf seine/ihre Umgebung reagiert, wie er/sie mit anderen umgeht...

Nur so kann Zuneigung für eine andere Person und sogar Liebe entstehen, was wiederum unmöglich ist, wenn wir diese Person nur kurz kennen.

Dasselbe gilt auch für dich selbst. Wenn du nicht innehältst, um zu entdecken, wer du bist, was du magst, was du willst und was deine Talente, Tugenden und Fähigkeiten sind, wirst du kaum in der Lage sein, dich selbst zu lieben. Wir können nicht lieben, was wir nicht kennen. Auf der anderen Seite können wir das, was wir kennengelernt haben, immer mehr lieben.

Folgender Übungsblock enthält Anregungen, wie du dich und dein Sein erkennen kannst. Diese Fähigkeit der Eigenwahrnehmung sollte von Kindesbeinen an gefördert werden. In der Schule sollte das ein Pflichtfach sein, wird aber in der Realität meist sträflich vernachlässigt. Würden wir uns selbst besser kennen, würden wir viel glücklicher im Erwachsenenalter ankommen. Wir könnten viel bewusster Entscheidungen hinsichtlich unseres Partners, unserer Ausbildung, unseres Berufs, unseres Wohnortes, unserer Lebenspläne usw. treffen.

Dies ist nun der Übungsteil, in welchem du das leere Blatt Papier bemalen wirst, das wir, wie in der Einleitung des Buches erwähnt, im ersten Teil des Buches vorbereitet haben.

ÜBUNG 14

Werde dir deiner Werte bewusst

Menschliche Werte sind eine Reihe von universellen Prinzipien, nach denen die meisten Menschen leben. Sie leiten uns an, wie wir uns verhalten sollen, um harmonisch in der Gemeinschaft zu leben und uns gemeinsam weiterzuentwickeln.

Diese Werte werden weder von der Kultur, noch von der Religion, noch von der Zeit, noch von irgendeinem anderen Faktor bestimmt. Sie sind den Menschen angeboren, überdauern die Zeit und sind auf jeden Ort der Welt übertragbar.

Sie helfen uns erstens dabei, zu definieren, was für uns nicht verhandelbar ist, zweitens die verschiedenen Situationen, mit denen wir konfrontiert sind, viel klarer zu priorisieren und drittens zwischen dem Wichtigen und dem Nebensächlichen zu unterscheiden. Sie ermutigen uns auch, Entscheidungen, welche wir für richtig halten und mit denen wir uns gut fühlen, zu treffen.

Folgende Übung wird dich darin unterstützen, zu erkennen, was dir wirklich wichtig ist und was du in deinem Leben haben möchtest. Dadurch kannst du auch besser verstehen, wie du Entscheidungen triffst und warum manche Dinge für dich inakzeptabel erscheinen, andere hingegen eine Säule bilden, die dein Leben stärkt. Wenn du sie kennst und in deinem täglichen Leben respektierst, wirst du ein Leben führen, in dem sich alle Lebensphasen wie Puzzleteile in ein in sich schlüssiges und kohärentes Ganzes zusammenfügen.

Werde Dir Deiner Werte bewusst

Hast du dir schon einmal die Frage gestellt, warum du das tust, was du gerade tust? Warum liest du gerade dieses Buch? Darauf eine Antwort zu finden, erscheint komplexer, als man zunächst annehmen würde. Mithilfe der folgenden Übung kannst du die Vielzahl von Werten entwirren und obige Frage leichter beantworten:

Wähle aus den unten aufgeführten Übersicht fünf Werte aus, die dich am meisten repräsentieren oder mit denen du dich am stärksten identifizierst.

Anerkennung	Belastung	Beeinflussung	Verständnis	Stabilität
Zuverlässigkeit	Privatsphäre	Ordnung	Auszeichnung	Sicherheit
Sparsamkeit	Freundschaften	Zusammenarbeit	Persönliche Entwicklung	Berufliche Verbesserung
Spitzenleistung	Teamarbeit	Abwechslung	Geld	Respekt
Innere Harmonie	Wachstum	Führungsqualitäten	Emotionen	Effektivität
Abenteuer	Kreativität	Kontakte	Beziehungen	Entscheidungen
Status	Vergnügen	Gemeinschaft	Kunst	Religion
Publikum	Innovation	Effizienz	Zuneigung & Liebe	Ruhm
Gewissen	Umweltbewusstsein	Ökologie	Profit	körperliche Herausforderungen
Natur	Stellung	Reinheit	Intellekt	Hilfsbereitschaft
Herausforderungen	Familie	Ethik	Selbstrespekt	Vernünftige Arbeit
Unabhänigkeit	Wettbewerb	Offenheit	Einsamkeit	Macht
Gelassenheit	Wahrheit	Loyalität	Seelenfrieden	Integrität
Demokratie	Kultiviertheit	Weisheit	Ausdruckskraft	Romantik

Sortiere sie nun auf eine Skala von 1 bis 5 ein (wobei der Wert auf der Position 1 für dich am wichtigsten ist, die Werte zur Position 5 hin weniger wichtig werdend sind).

1.

2.

3.

4.

5.

Schreibe die Werte nun in die unten stehende Tabelle und überprüfe sie im Hinblick auf dein momentanes Leben. Inwieweit werden deine Grundwerte derzeit erfüllt?

Beantworte nun folgende Frage: Inwieweit bist du derzeit mit jedem der von dir priorisierten Werte zufrieden?

Trage den Grad deiner Zufriedenheit in der untenstehenden Tabelle ein (auf einer Skala von 1 bis 10, wobei 10 den höchsten Grad an Zufriedenheit darstellt).

Rang	Wert	Zufriedenheit

Aktionsplan zur Anhebung der Zufriedenheit hinsichtlich deiner persönlichen Grundwerte

Nun blickst du auf diejenigen Werte, die in dir ein Maß an Zufriedenheit erzeugen, welches auf der Skala mehr als 7 Punkte erreicht.

Wähle zunächst zwei Werte aus, an denen du arbeiten möchtest, schreibe sie auf und beantworte die folgenden Fragen:

- Auf welchem Zufriedenheitsgrad müsste der jeweilige Wert deiner Meinung nach grundsätzlich liegen?
- Welchen Zufriedenheitsgrad würdest du gerne für die beiden Werte innerhalb von drei bis sechs Monaten erreichen?

- Was willst du tun, um diesen Grad an Zufriedenheit zu erreichen? Denke daran, dass es sich um konkrete Aktionen handeln muss.

- Mit welcher dieser Aktionen möchtest du beginnen?

- Wann willst du anfangen? Setze dir eine Frist.

- Ist noch jemand daran beteiligt; brauchst du weitere Leute?

- Woran wirst du erkennen, dass die Aktionen funktionieren?

- Auf einer Skala von 1 bis 10: Wie stark engagierst du dich, um das Ziel zu erreichen? Wie könntest du dein Engagement verbessern?

Nach und nach widmest du dich der restlichen Werte und verfährst mit ihnen auf dieselbe Art und Weise wie oben beschrieben.

ÜBUNG 15

Gestalte dir ein ideales Leben

Um das Leben zu gestalten, das wir uns wünschen, ist es wichtig, unseren Ausgangspunkt zu kennen. Von hier aus können wir die Brücke bauen, die es uns ermöglicht, unsere Ziele zu erreichen.

Manchmal kommt es vor, dass wir mit unserem Lebensstil nicht zufrieden sind, jedoch nicht erkennen können, in welchen Aspekten wir versagt haben und was uns genau blockiert. Ein erster Schritt zur Veränderung besteht darin, sich selbst zu analysieren und Bereiche zu identifizieren, in denen wir uns verbessern können.

Diesen Zweck möchte folgende Übung erfüllen, die im Coaching weit verbreitet ist. Sie heißt: “Das Rad des Lebens”

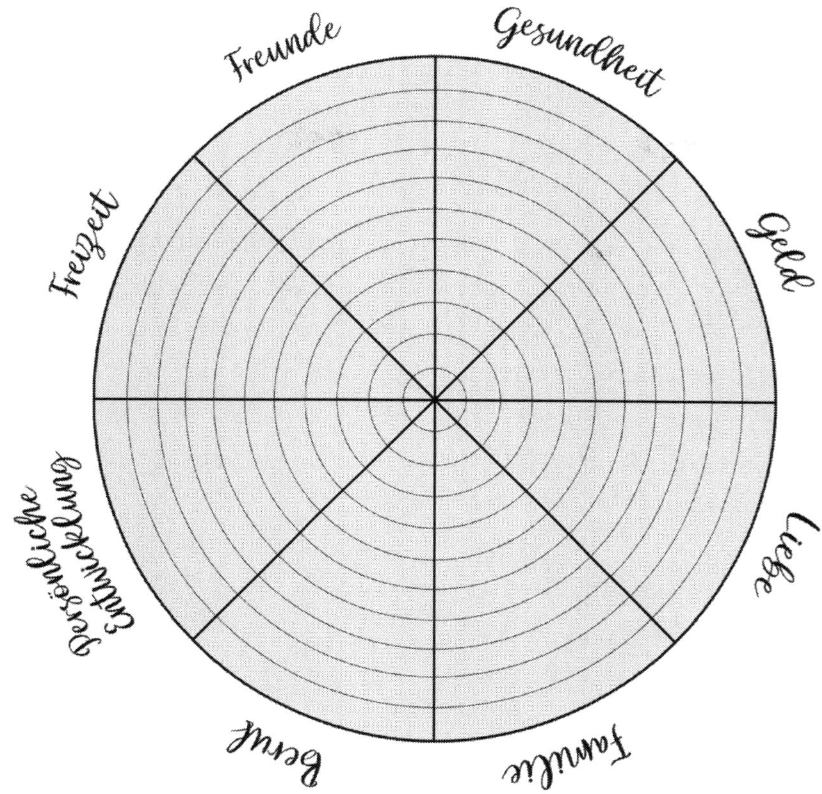

In dieser Übung geht es darum, zu lernen, wie man jeden Lebensbereich optimieren kann. Hierbei gehst du folgendermaßen vor:

Benotung jedes Lebensbereichs:

Das Rad des Lebens ist in 8 Lebensbereiche aufgeteilt. **Gesundheit, Geld, Liebe, Familie, Beruf, Persönliche Entwicklung, Freizeit, Freunde**.

Jeder Bereich hat wieder 10 Untergliederungen (als Innenkreise markiert), welche den jeweiligen Grad der Zufriedenheit, den sie in dir hervorrufen, symbolisieren. Die Skala reicht von 1 (innerster

Innenkreis = geringste Zufriedenheit) bis 10 (äußerster Innenkreis = höchste Zufriedenheit). Bringe nun für jeden Lebensbereich eine Markierung auf dem jeweiligen Innenkreis an, welcher deiner jeweiligen Zufriedenheit in diesem Lebensbereich entspricht.

In der nächsten Phase verbindest du die Punkte miteinander und betrachtest, welche Form das Rad des Lebens angenommen hat. Gefällt Dir, was Du siehst? Jeh mehr Spitzen Du siehst, um so mehr Optimierung ist nötig.

Jetzt ist es an der Zeit, jeden einzelnen Lebensbereich zu analysieren und dann zu optimieren.

1. BEREICH: z.B. Gesundheit
2. BEREICH: …….
3. Usw.

Stelle Dir die folgenden Fragen dazu:

- Wie ist es jetzt?

- Wie würde ich es gerne haben? An diesem Punkt darfst du groß träumen. Setze dir keine Grenzen. Später werden wir an den Glaubenssätzen arbeiten, die uns glauben lassen, dass wir keinen Erfolg haben werden.

- Entscheide, womit du anfangen möchtest: Es ist nicht immer notwendig, mit dem Lebensbereich zu beginnen, der die niedrigste Punktzahl hat. Je nach Lebenssituation kann es hilfreicher sein, demjenigen Lebensbereich den Vorzug zu geben, in dem du ohnehin schon zufriedener bist. Stelle dir nun deshalb die Frage, wo du gerne anfangen würdest.

- ✿ Was wirst du jetzt tun, um in dem jeweiligen Lebensbereich zufriedener zu werden? Welche Weichen wirst du stellen?

Du kannst diese Übung so oft wiederholen, wie du möchtest. Es ist sogar gut, wenn du sie immer zur Hand hast, denn sie hilft dir, dich zu korrigieren, falls du ein wenig von dem Weg abkommst, den du verfolgen möchtest. Sobald du im Alltag unzufrieden oder gereizt bist, bist du herzlich eingeladen, ein Rad zu zeichnen und zu analysieren, was gerade los ist. Vielleicht hilft dir dies, dich wieder zu erden?

Am Ende des Buches werden wir auf diese Übung zurückkommen und uns ansehen, wie man sie noch vertiefen kann.

ÜBUNG 16

Konzentriere dich auf deine Ressourcen

Lass uns deine Stärken entdecken. Es gibt viele davon. Vielleicht kannst du sie nur nicht immer sofort sehen oder erkennen. Stärken helfen uns, den Sinn der Dinge zu erkennen, einen Beruf zu ergreifen und mit Leichtigkeit aufzutreten. Wenn wir herausfinden, wo unsere Ressourcen liegen, kann dies das Beste in uns zum Vorschein bringen und wir können leichter mit Problemen umgehen.

Sehr oft fällt es Menschen schwer, eine Antwort auf die Frage zu finden, wo denn ihre Stärken liegen. Sie zögern eine Antwort hinaus, da sie sich selbst nicht im Klaren sind, wo ihre Ressourcen liegen. Gesellschaftlich sind wir darauf programmiert, immer wieder auf unsere Schwächen hingewiesen zu werden. Davon kannst du sicherlich innerhalb mehrerer Sekunden einige aufzählen. Es scheint für den Menschen jedoch schwierig zu sein, sich auf seine Stärken zu besinnen.

Wir werden diesen Prozess erleichtern und dafür die positive Psychologie nutzen, genauer gesagt das Modell von Martin Seligman und Christopher Peterson. Nach diesem Modell ist jede Persönlichkeit durch 24 Stärken charakterisiert, wobei manche davon stärker ausgeprägt sind, andere hingegen schwächer. Im Folgenden sind sie beschrieben. Unterstreiche bitte diejenigen, mit denen du dich beim Lesen am stärksten identifizierst.

Weisheit und Wissen:

Diesem Bereich sind kognitive Stärken, die den Erwerb und die Nutzung von Wissen betreffen, zugeordnet.

- Neugierde, Interesse an der Welt

Du interessierst dich für das, was in der Welt passiert, bist von vielen verschiedenen Themen fasziniert, erforschst und entdeckst neue Dinge.

- Liebe zum Wissen und Lernen

Du beherrschst neue Themen, hast darüber viele Kenntnisse und verfügst über eine ausgeprägte Neigung, dir neues Wissen anzueignen.

- Urteilsvermögen, kritisches Denken, Aufgeschlossenheit

Du denkst über die Dinge nach und untersuchst deren Bedeutungen und Nuancen. Du ziehst deine Schlussfolgerungen nicht willkürlich, sondern nachdem du alle Möglichkeiten geprüft hast. Du bist bereit, deine eigenen Ideen aufgrund von Beweisen zu ändern.

- Einfallsreichtum, Originalität, praktische Intelligenz

Du beschreitest beim Denken neue Wege und bist produktiv darin, neue Dinge umzusetzen. Dies beinhaltet u.a. auch das künstlerische Schaffen.

- Perspektive

Du bist in der Lage, anderen Menschen kluge und angemessene Ratschläge zu geben und Wege zu finden, die Welt nicht nur selbst zu durchdringen, sondern auch anderen zu helfen, sie zu verstehen.

Courage:

Darunter sind emotionale Stärken zu verstehen, die das Erreichen von Zielen in Situationen mit äußeren oder inneren Schwierigkeiten beinhalten.

- Courage

Du lässt dich nicht von Bedrohungen, Veränderungen, Schwierigkeiten oder Schmerzen einschüchtern. Die hast die Fähigkeit, für einen Standpunkt einzutreten, den du für richtig hältst, auch wenn andere ihn ablehnen und nach deinen Überzeugungen zu handeln, auch wenn du dafür kritisiert wirst. Courage beinhaltet auch körperliche Stärke, ist aber nicht darauf beschränkt.

- Ausdauer und Fleiß

Du bringst zu Ende, was du angefangen hast. Du kannst mit einer Aktivität fortfahren, auch wenn es Hindernisse gibt und erlangst Befriedigung durch übernommene und erfolgreich abgeschlossene Aufgaben.

- Integrität, Ehrlichkeit, Authentizität

Du bist ehrlich, unprätentiös und übernimmst die Verantwortung für deine Gefühle und Handlungen.

- Vitalität und Leidenschaft für die Dinge

Du stellst dich dem Leben mit Begeisterung und Energie, tust Dinge mit Überzeugung und gibst dabei alles. Dein Leben ist für dich ein aufregendes Abenteuer und du fühlst dich lebendig und aktiv.

Menschlichkeit:

Darunter versteht man zwischenmenschliche Stärken, bei denen es darum geht, sich um andere zu kümmern und ihnen Freundschaft und Zuneigung zu schenken.

- Liebe, Bindung, Fähigkeit zu lieben und geliebt zu werden

Du hast tragfähige Beziehungen zu anderen, vor allem solche, in denen Zuneigung und Fürsorge auf Gegenseitigkeit beruhen. Du fühlst dich anderen Menschen nahe und verbunden.

- Mitgefühl, Freundlichkeit, Großzügigkeit

Du tust anderen Menschen gerne einen Gefallen und vollbringst gute Taten. Du hilfst anderen und kümmerst dich um sie.

- Emotionale, persönliche und soziale Intelligenz

Du bist dir deiner eigenen Emotionen und Gefühle und der anderer bewusst, weißt, wie man sich in verschiedenen sozialen Situationen verhält und was für andere Menschen wichtig ist. Du hast Einfühlungsvermögen.

Gerechtigkeit:

Darunter versteht man Stärken, die zu einem gesunden Gemeinschaftsleben führen.

- Bürgerschaftliches Engagement, Bürgersinn, Loyalität, Teamwork

Du arbeitest gut in einem Team oder einer Gruppe von Menschen, bist der Gruppe gegenüber loyal und fühlst dich als Teil von ihr.

- Sinn für Gerechtigkeit, Fairness

Du behandelst alle Menschen gleich, fair und gerecht. Du lässt nicht zu, dass persönliche Gefühle Entscheidungen über andere beeinflussen und strebst danach, allen dieselben Chancen zu geben.

- Führung

Du ermutigst die Gruppe, in der du Mitglied bist, aktiv zu sein und die Beziehungen der Gruppenmitglieder untereinander zu stärken. Du organisierst Gruppenaktivitäten und bringst diese zu einem erfolgreichen Abschluss.

Moderation:

Darunter fallen Stärken, die uns vor Übertreibungen schützen.

- Fähigkeit zur Vergebung, Barmherzigkeit

Du kannst Menschen, die sich schlecht verhalten haben, vergeben und ihnen eine zweite Chance schenken, ohne rachsüchtig oder boshaft zu sein.

- Bescheidenheit, Demut

Du akzeptierst, wenn andere Menschen über dich reden, versuchst nicht, im Mittelpunkt zu stehen und denkst nicht, dass du etwas Besonderes bist.

- Besonnenheit, Diskretion, Vorsicht

Du bist vorsichtig im Treffen von Entscheidungen, gehst keine unnötigen Risiken ein und sagst oder tust nichts, was du später bereuen könntest.

- Selbstbeobachtung, Selbstregulierung

Du hast die Fähigkeit, deine eigenen Gefühle und Handlungen zu regulieren. Du bist diszipliniert und hast Kontrolle über deine Impulse und Gefühle.

Transzendenz:

Dazu gehören Stärken, die eine Verbindung mit der Weite des Universums herstellen und dem Leben einen Sinn geben.

- Wertschätzung von Schönheit und Exzellenz, Fähigkeit zum Staunen

Du weißt um die Schönheit der Dinge und des Alltags und hast Interesse an Aspekten des Lebens wie Natur, Kunst, Wissenschaft...

✿ Dankbarkeit

Du bist dir der guten Dinge, die dir passieren, bewusst und bist dankbar dafür. Du weißt, wie man Danke sagt.

✿ Hoffnung, Optimismus, Projektion in die Zukunft

Du hoffst auf das Beste für die Zukunft und arbeitest dafür. Du bist davon überzeugt, dass eine gute Zukunft etwas ist, was wir erreichen können.

✿ Sinn für Humor

Du lachst, machst Scherze und lächelst oft. Du betrachtest das Leben von der guten Seite.

✿ Spiritualität, Glaube, religiöser Sinn

Du glaubst, dass es einen universellen Sinn oder eine universelle Bedeutung für die Dinge gibt, die in der Welt und im eigenen Leben geschehen. Du bist überzeugt, dass es etwas Höheres gibt, das unser Verhalten formt oder bestimmt und uns beschützt.

Unsere Ressourcen und Stärken zu erkennen und die Dinge zu sehen, die wir gut machen, ist grundlegend, um ein gutes Selbstwertgefühl zu entwickeln und sich selbst zu lieben.

Vielleicht hast du deine Stärken bereits identifiziert, möglicherweise bist du aber nach dem ersten Teil der Übung noch stärker verwirrt im Hinblick auf deine Ressourcen. Die Übung ist hier also noch nicht zu Ende.

Führe nun den Übungsteil "Was andere an dir sehen" durch:

- Du schickst eine E-Mail an fünf Personen, die dich gut kennen - Freunde, Familie, Partner - und bittest sie, drei Stärken zu nennen, die dich auszeichnen. Du wirst überrascht sein, wie stark Menschen aus verschiedenen Kontexten darin übereinstimmen, in jeweils eigenen Worten ähnliche Dinge hervorzuheben. Denn es sind genau diese deine Ressourcen, die, egal wo du hingehst, immer auf die eine oder andere Weise zum Vorschein kommen.

- Vergleiche nun, was du in der vorherigen Übung unterstrichen hast, mit dem, was du in den E-Mails erfahren hast. So erfährst du, ob dein Selbstbild mit dem übereinstimmt, was andere auch an dir beobachten.

Das Interessante an der Übung ist, dass es viel einfacher ist, die Stärken anderer zu sehen als die eigenen. Es ist also ganz normal, dass dich das Ergebnis möglicherweise überrascht hat.

TIPP 1: Mache jetzt eine Liste mit allen Stärken, die sich herauskristallisiert haben und lege sie offen vor dich hin. Auf diese Weise wirst du jedes Mal, wenn du auf die Liste schaust, gestärkt sein.

TIPP 2: Wähle drei bis fünf Merkmale aus der obigen Liste aus. Mit den Stärken, die du ausgewählt hast, erstellen wir einen Plan, wie du sie in der kommenden Woche noch stärker zur Entfaltung bringen kannst:

Zum Beispiel:

Tag 1
Stärke: Neugierde
Plan: Nach dem Abendessen mache ich einen Spaziergang in einem Teil der Stadt, den ich noch nicht kenne.

Tag 2
Stärke: Ehrlichkeit
Plan: Ich schreibe einen Brief an mein vergangenes Ich, in dem wir über ein Ereignis sprechen, das bereits geschehen ist und welches aus meiner Unsicherheit resultiert hat. Mein vergangenes und mein momentanes Ich werden uns dabei versöhnen.

Tag 3
Stärke: Beständigkeit
Plan: Eine Woche lang sorge ich jeden Abend vor dem Schlafengehen mit einer kleinen Aktion für mich selbst.

Dein Plan gilt für sieben Tage und du kannst die Stärken, die du ausgewählt hast, in dieser Zeit verstärkt hervorkehren und dich auf deine Ressourcen besinnen. Wenn du zum Beispiel "Kommunikation", "Flexibilität" und "Mitgefühl" ausgewählt hast, könnte dein Plan so aussehen:

Tag 1: Kommunikation
Tag 2: Kommunikation
Tag 3: Flexibilität
Tag 4: Flexibilität
Tag 5: Flexibilität
Tag 6: Mitgefühl
Tag 7: Mitgefühl

Erstelle nun deinen eigenen Plan in einer Tabelle, wie folgt:

Tag	Stärke	Vorhaben

(Tabelle kann wie im Beispiel aussehen, du kannst sie dir aber anordnen, wie du willst)

Monatsübersicht zu deiner emotionalen Befindlichkeit:

Schreibe jeden Tag auf, wie du dich fühlst, indem du das Kürzel für die jeweilige Emotion in den jeweiligen Kalendertag einträgst.

G	R	M	T	Ä	W	A

glücklich	ruhig	müde	traurig	ängstlich	wütend	andere

1	2	3	4	5	6	7
8	9	10	11	12	13	14
15	16	17	18	19	20	21
22	23	24	25	26	27	28
29	30	31				

Beispiel Skizze:
Nimm Dir ein leeres Buch, Block oder leere Blätter in einem Schnellhefter, wo Du Deine Tabellen, Listen, Bilder usw. skizzieren und schreiben kannst

ÜBUNG 17

Entdecke deine Talente

Jeder Mensch hat mehrere Talente und diese unterscheiden sich von Mensch zu Mensch. Oft können wir unsere Talente nicht aus dem Stegreif heraus benennen. Manchmal ist das, was wir gut können, für uns so normal, dass wir nicht bemerken, dass nicht jeder Mensch dieselbe Fähigkeit oder Eigenschaft besitzt. Einige unserer Stärken können ein Leben lang verborgen bleiben, wenn wir es nicht schaffen, uns derer bewusst zu werden. Dies bedeutet aber nicht, dass dieses Talent nicht vorhanden wäre.

Bevor wir darüber sprechen, wie wir unsere Talente entdecken können, müssen wir erst einmal definieren, was darunter zu verstehen ist: Unter Talent versteht man alle guten Fähigkeiten, die eine Person hat, um eine Tätigkeit auszuüben und etwas Bestimmtes zu tun.

Jedes Talent hat fünf Merkmale, die es uns erleichtern, es zu erkennen.

- **Angeboren**: Wir werden mit dem Potenzial geboren. Um ein Talent zu entwickeln, sind zusätzlich etwa zehntausend Übungsstunden nötig. Das Gallup-Institut stellt fest, dass zwischen dem dritten und sechzehnten Lebensjahr das Talent bereits vollständig im Gehirn angelegt ist.

- **Leichtigkeit** in der Durchführung einer Tätigkeit, die Tätigkeit wird als einfach empfunden: Es fällt uns leicht, bei einer Aktivität, die unserem Talent entspricht, optimale Ergebnisse zu erzielen. Aber es erfordert auch Disziplin und kann zu Frustrationen führen.

- **Wiederholbar:** Andere Menschen nehmen wahr, dass wir mit Aktivitäten, die unserem Talent entsprechen, außergewöhnliche Ergebnisse erzeugen, die wiederum auch noch wiederholbar sind. Für uns selbst scheint das Ergebnis eher “normal” als “außergewöhnlich” zu sein.

- **Erkennbar:** Talent ist offensichtlich. Außenstehende Menschen erkennen sofort, dass Aktivitäten, die unserem Talent entsprechen, von besonderem Wert sind.

- **Erfreulich:** Ein Talent zu leben, erzeugt eine positive Energie in uns, welche uns aufrichtet, wenn die Dinge einmal nicht so positiv laufen. Des Weiteren vergeht die Zeit wie im Flug, wenn wir uns in eine Aktivität vertiefen, die unseren Talenten entspricht.

Wir werden nun eine Übung durchführen, die auf diesen fünf Merkmalen basiert und welche uns ermöglicht, unser Talent zu entdecken. Beantworte hierzu folgende Fragen:

- Was hast du als Kind gemacht, das du gut konntest? Was hast du als Kind gerne gemacht? Hier ist ein kleiner Trick, falls dir nichts einfällt: Frag deine Mutter oder deinen Vater, was du als Kind gut konntest und womit du dich stundenlang beschäftigen konntest.

- Was kannst du mit Leichtigkeit? Ergänze die Liste mit zehn Dingen.

- Was wiederholst du gerne immer wieder? Was kannst du richtig gut? Wobei erzielst du immer positive Ergebnisse?

- Was sagen die Anderen, worin du gut bist? Häufig sind dies Dinge, um die sie dich bitten, weil sie wissen, dass du sie gut kannst.

- Welche Dinge liebst du zu tun und bei welchen Dingen verfliegt die Zeit wie im Nu?

Diese Fragen helfen dir, herauszufinden, bei welchen Tätigkeiten du sehr talentiert bist. Sie dienen dazu, deinen Selbstwert zu verbessern und helfen dir, deine angeborenen oder erworbenen Talente zu erkennen bzw. zu verstehen, worin du weniger begabt bist.

Der nächste Schritt besteht darin, deine Talente zu nutzen, den Lernprozess zu genießen und deine wahre Berufung zu entdecken.

Wenn du deine Talente erkannt hast, ist es also an der Zeit zu überlegen, bei welchen Aktivitäten du sie am stärksten ausleben kannst.

Talent	Aktivitäten zur Entwicklung von Talenten

Beispiel Skizze:
Nimm Dir ein leeres Buch, Block oder leere Blätter in einem Schnellhefter, wo Du Deine Tabellen, Listen, Bilder usw. skizzieren und schreiben kannst

Lege nun ein Datum für jede der Aktivitäten fest. Vielleicht kannst du sie nicht alle sofort umsetzen, sondern musst erst mit einer beginnen, um eine andere Aktivität darauf folgen lassen zu können. Solltest du mit einer Tätigkeit nicht beginnen können, gehe zur Liste mit den Aktivitäten zurück, um sie neu zu überdenken.

Dein Selbstboykott

Kommen dir folgende Aussagen bekannt vor?:

- „Ich weiß, was gut für mich wäre und was ich tun müsste, aber ich tue es nicht!"

- “Ich weiß aber auch nicht warum und dann fühle ich mich schuldig.“

Hast du ähnliche Dinge bereits auch erlebt?

- Ich nehme mir vor, Gewicht zu verlieren, aber schlussendlich leide ich unter Fressattacken oder konsumiere wider besseres Wissen ungesundes Essen.
- Ich möchte eine Prüfung bestehen, aber ich schiebe alles vor mir her und lasse mich ablenken, anstatt zu lernen.
- Ich möchte den Job wechseln, kann mich aber nicht dazu aufraffen, Bewerbungen zu schreiben oder zu Vorstellungsgesprächen zu gehen.
- Ich möchte eine Beziehung mit jemandem eingehen, den ich mag, aber am Ende distanziere ich mich von dieser Person.

Was ist unter Selbstboykott zu verstehen?

In jedem der obigen Beispiele nimmt die betreffende Person eine Haltung ein, die sie am Vorankommen hindert und geht somit gegen ihre eigenen Wünsche und Bedürfnisse vor. Man könnte sie auch als “Stolpersteine”, als Selbstboykott für die persönliche Weiterentwicklung bezeichnen, der bei vielen Menschen häufig sehr ausgeprägt ist.

In den nächsten fünf Übungen, werden wir versuchen, sie einzeln zu bearbeiten, weil sie besonderes Augenmerk erfordern. Würden wir versuchen, uns auf alle Aspekte gleichzeitig zu konzentrieren, wäre es schwierig, Veränderungen zu erzielen. Um aber auf die

Metapher am Anfang zurückzukommen: Wenn der Löwe seine Beute jagt, jagt er immer nur ein Tier auf einmal. Nur dann hat er Erfolg. Daher nehmen wir uns für unsere fünf "Stolpersteine" fünf Wochen Zeit, um sie zu bearbeiten.

ÜBUNG 18

Überwinde deine Trägheit

Unter Trägheit ist ein Mangel an Bereitschaft, bestimmte Aufgaben oder Tätigkeiten auszuführen zu verstehen, der meist Ausdruck mangelnder Motivation, unklarer Ziele oder fehlender Ergebnisse ist. Trägheit äußert sich häufig in dem verminderten Wunsch zu arbeiten oder etwas zu tun. Des Weiteren ist sie durch Schwäche oder Langsamkeit in der Ausführung von Tätigkeiten charakterisiert.

Wenn wir das, was wir tun sollten, nicht oder nur widerwillig tun, hat das negative Auswirkungen auf unsere Lebensqualität. Außerdem beeinträchtigt das Schuldgefühl, unsere Trägheit nicht überwunden zu haben, unser Selbstwertgefühl.

Hier sind neun Schlüssel zur Überwindung von Trägheit:

- Analysiere dein Umfeld: Bin ich von trägen, lethargischen Menschen umgeben? Manchmal zeigen unsere Familie, Freunde oder Partner dieselbe Entmutigung oder Apathie, wenn es darum geht, eine Aktivität zu beginnen. Berücksichtige das und suche dir ein Umfeld, das dich motiviert.

- Wo soll ich anfangen? Mach dein Leben nicht kompliziert und fang mit den einfachsten Dingen an.

- Geh einen Schritt nach dem anderen: Manchmal sind die Aufgaben so groß, dass sie uns überwältigen und wir erst gar nicht damit beginnen, sie zu bearbeiten. Daher ist es am besten, komplexe Aufgaben in kleinere Aufgaben zu unterteilen, um den Druck zu verringern und die Motivation zu erhalten.

- Mach es dir leicht: Wenn etwas lästig ist, bereite dein Arbeitsumfeld optimal vor, damit du es leichter hast, loszulegen. Lass zum Beispiel deinen Schreibtisch heute ordentlich und aufgeräumt zurück, damit er, wenn du morgen früh kommst, schön aussieht und dich inspiriert.

- Denke nicht nach: Wenn du über die Durchführung einer Aufgabe nachdenkst, findest du bestimmt eine Million perfekter Ausreden. Gib deinem Gehirn keine Zeit, nach Argumenten für die Trägheit zu suchen. Du kannst deine Gedanken kontrollieren. Wenn du also eine Aufgabe zu erledigen hast, legst du einen Zeitpunkt fest, an dem es losgehen soll, stellst einen Wecker auf deinem Handy, damit du weißt, dass es Zeit ist, wiederholst in deinem Kopf "3,2,1... los!" und beginnst.

- Ausruhen: Es ist wichtig, dass du genug Energie hast, um die Aufgabe anzugehen, für die du mangelnde Motivation verspürst.

- Erfolge notieren: Erstelle eine Liste mit Aufgaben und vermerke jeweils darauf, wenn du eine Aufgabe erledigt hast. Auf diese Weise siehst du, was du bereits erreicht hast und fühlst dich motivierter.

ÜBUNG 19

Lerne, Dinge nicht vor dir herzuschieben

Schiebst du gerne Aufgaben oder Tätigkeiten zugunsten unwichtiger, jedoch angenehmerer Dinge vor dir her?
Kannst du beispielsweise folgendes Szenario nachvollziehen?:
Du sollst mit dem Lernen beginnen oder hast den Auftrag, einen Bericht zu schreiben, für den aber noch keine konkrete Abgabefrist vorliegt und dir kommt, kurz bevor du mit deiner Arbeit beginnen möchtest, folgender Gedanke in den Sinn: "Bevor ich mit der Arbeit beginne, ziehe ich mir noch schnell etwas Bequemeres an." Auf dem Weg zu deinem Zimmer kommst du jedoch an der Küche vorbei und du überlegst, was du essen könntest, um dich später nicht bei der Arbeit unterbrechen zu müssen. Du holst dir also etwas zu essen. Und während du isst, beschließt du, einen kurzen Blick in deine sozialen Netzwerke zu werfen, damit du später nicht von evtl. Mitteilungen abgelenkt wirst. Bis du es bemerkst, sind bereits zwei Stunden vergangen und du hast noch nicht mit deiner Aufgabe angefangen. Du bist nun nervös, gestresst und bekommst Schuldgefühle. Du beginnst, dir Sorgen hinsichtlich des Zeitplans zu machen und das macht dich noch weniger produktiv und effizient.

ÜBUNG

(aus dem Buch „Master your time", von Thibaut Meurisse)

Bewerte jede dieser Aussagen auf einer Skala von 1 bis 10
(1 ist „falsch" und 10 ist „wahr"):

- Mir fehlt die Klarheit darüber, was ich tun soll oder wie ich es tun soll.

- Ich hoffe, dass ich von außen motiviert werde.

- Ich bin abgelenkt und nicht in der Lage, schwierige Aufgaben zu erledigen.

- Ich habe Angst, meine Arbeit nicht gut genug zu machen.

- Ich habe keine klare Frist und kein Gefühl der Dringlichkeit.

- Ich habe keine tägliche Routine, die mir hilft, mich an die Arbeit zu machen.

- Mein Umfeld verleitet mich zu un- bzw. kontraproduktivem Verhalten.

- Ich habe zu viele Dinge zu tun und fühle mich festgefahren auf eine andere Tätigkeit.

Wähle jetzt eine Aufgabe aus, die du in letzter Zeit immer wieder aufgeschoben hast und verfahre mit dieser Aufgabe wie folgt:

- Schreibe die Gründe auf, warum du diese Aufgabe aufschiebst (fehlende Klarheit, mangelnde Aufmerksamkeit, schlechte Konzentration usw.).

- Schreibe eine konkrete Sache auf, mit der du diese Aufgabe beginnen könntest.

Können dir folgende 3 Tipps bei der Umsetzung der Aufgabe helfen?

TIPP 1: Überwinde die Blockade, mit der Aufgabe zu beginnen

Es ist besonders schwierig, den inneren Schweinehund zu überwinden, welcher dich blockiert, mit einer Aufgabe zu beginnen. Wenn du dies schaffst, hast du die Hälfte der Arbeit schon erledigt. Nach circa fünf Minuten Arbeit an einer Aufgabe hast du meist ausreichend Motivation, dass du die begonnene Aufgabe beenden kannst, da dein Gehirn dir die notwendige Energie bereitstellt. Lege also eine Startzeit fest und zwinge dich, sie einzuhalten. Am Anfang wird es schwer und ungewohnt sein, aber nach ein paar Tagen wirst du das Vorgehen verinnerlicht haben.

TIPP 2: Finde heraus, was dich ablenkt.

Wenn beispielsweise dein Handy in Sichtweite liegt, blickst du fast automatisch darauf, sobald du neue Nachrichten empfängst. Schalte deshalb dein Mobiltelefon stundenweise in den Flugmodus und lege es etwas entfernt von dir ab, sodass du es von deinem Arbeitsplatz nicht so einfach erreichen kannst. Nach circa einer Stunde wirst du von einem Alarmsignal benachrichtigt, dass deine fünfminütige Pause beginnt. Am Ende dieser Pause klingelt erneut der Wecker, sodass du daran erinnert wirst, deine Arbeit wieder aufzunehmen. Aus fünf Minuten Pause können nämlich sehr leicht 30 Minuten werden.

TIPP 3: Schaffe eine Umgebung, die dir gefällt.

Dein Arbeitsplatz muss schön und nach deinem Geschmack eingerichtet sein. Wenn er aufgeräumt ist, wirst du gerne dort arbeiten. Atme die Atmosphäre ein, lege gemütliche Musik auf und brühe dir eine Tasse Tee oder Kaffee auf. Mach es dir leicht, den Weg zu deiner Aufgabe zu finden.

ÜBUNG 20

Organisiere dich besser

Kennst du das Gefühl, immer in Eile zu sein, nicht mithalten zu können, sehr beschäftigt zu sein, viele berufliche und/oder private Verpflichtungen zu haben und nicht voranzukommen, nicht zu schaffen, was man sich vorgenommen hat oder nichts Sinnvolles zu tun? Vielleicht hast du auch manchmal den Eindruck, zerstreut und überwältigt zu sein, zu viele Dinge gleichzeitig anzufangen und nicht zu Ende zu bringen oder erst gar nicht zu wissen, wo du anfangen sollst? Sicherlich denkst du manchmal: " Wenn der Tag doch nur vierzig Stunden hätte!"

Das passiert uns oft, wenn wir ziellos durchs Leben gehen. Innehalten und Planen sind einige der besten Dinge, die du für dein Leben tun kannst, sowohl in gesellschaftlicher, als auch in beruflicher und persönlicher Hinsicht. Unser Alltag wird in jedem Bereich profitieren, wenn wir stärker reflektieren und uns organisieren, auch wenn es anfangs schwerfällt.

Es geht nun darum, herauszufinden, was so schwer in unserem Rucksack wiegt, dass wir es loswerden wollen und womit wir ihn füllen müssen, um unsere Ziele zu erreichen.

In der Welt des Coachings gibt es viele Werkzeuge, die sehr nützlich und vielseitig einsetzbar sind. Eine besonders effektive und gleichzeitig einfache Übung ist die Anwendung der Übersicht „Ich will - ich habe“.

		Wollen	
		ja	nein
Haben	ja		
	nein		

Diese tabellarische Übersicht bietet mehrere Vorteile:

- Sie gibt uns eine Momentaufnahme darüber, wo wir stehen.
- Sie erweckt Dankbarkeit in uns im Hinblick darauf, was wir bereits haben und wir verstehen mithilfe dieser Übersicht, was uns noch fehlt.
- Sie weckt unsere Motivation, indem sie uns zeigt, was wir wollen.
- Sie hilft uns, klarer zu sehen, was wir loslassen sollten.

Hier sind die einzelnen Schritte, wie du die einzelnen Felder ausfüllen solltest:

- Wähle zunächst einen der Punkte auf dem Rad des Lebens, an dem du arbeiten willst. Das hilft dir, dich genauer und konkreter auszudrücken. Nehmen wir zum Beispiel den Bereich Gesundheit, wenn du mehr Sport treiben willst.

- Im ersten Feld links oben notierst du das, was du hast, was du behalten willst und was dir hilft, dein Ziel zu erreichen. Das Feld beschreibt also die Ressourcen, über die du im Moment verfügst.

- Im zweiten Feld rechts oben schreibst du auf, was du streichen willst. Schreibe auf, was du NICHT willst, was du allerdings hast. Was musst du aus deinem Rucksack nehmen, weil es dich belastet und dich zurückhält, dein Ziel zu erreichen? Womöglich liegen in deinem Rucksack Güter, Umstände oder Beziehungen, die zwar irgendwann in dein Leben kamen, die aber nun die ursprüngliche Funktion in deinem Leben nicht mehr erfüllen und die dich stattdessen von der Umsetzung der Aufgabe und vom Erreichen deines Ziels abhalten. Beseitige sie. Denke zuerst darüber nach, wie dein Leben ohne sie aussehen würde, und überlege dann, was du tun kannst, um sie aus deinem Leben zu entfernen.

- Im dritten Quadranten links unten schreibst du auf, was du HABEN oder TUN willst, was du bisher noch nicht gehabt oder getan hast, um dein Ziel zu erreichen. Du notierst also hier, was du noch gerne in deinen Rucksack packen möchtest. Überlege dir, was du willst, wann du es willst und was du tun musst, um es zu bekommen. Lass es nicht vage im Raum stehen. Schreibe dein Ziel und konkrete Maßnahmen, die du hierfür ergreifen musst, um es zu erreichen, in dieses Feld.

- Ich will NICHT und ich habe NICHT. Der vierte Quadrant rechts unten wird dich dazu bringen, über die Umstände nachzudenken, in denen andere Menschen leben und in denen du dich glücklicherweise nicht befindest. Dieses Feld wird dir helfen, dir der Entscheidungen bewusst zu werden, die du getroffen hast, um Dinge loszulassen, die du nicht wolltest.

Zum Nachdenken

Womit möchtest du anfangen? Mit dem, was du nicht willst und nicht hast, oder mit dem, was du willst und nicht hast?

Hast du Ressourcen entdeckt, von denen du nicht wusstest, dass du sie hast? Ziehe aus dieser Übung die positiven Dinge heraus, die dich gestärkt haben.

Monatsübersicht zu deiner emotionalen Befindlichkeit:

Schreibe jeden Tag auf, wie du dich fühlst, indem du das Kürzel für die jeweilige Emotion in den jeweiligen Kalendertag einträgst.

G	R	M	T	Ä	W	A

glücklich	ruhig	müde	traurig	ängstlich	wütend	andere

1	2	3	4	5	6	7
8	9	10	11	12	13	14
15	16	17	18	19	20	21
22	23	24	25	26	27	28
29	30	31				

Beispiel Skizze:

Nimm Dir ein leeres Buch, Block oder leere Blätter in einem Schnellhefter, wo Du Deine Tabellen, Listen, Bilder usw. skizzieren und schreiben kannst

ÜBUNG 21

Überwinde mangelnden Anspruch an dich selbst und konformes verhalten

Es wird viel über Perfektionismus oder Überforderung gesprochen, aber wenig darüber, woran ein Konformist möglicherweise leiden kann. Hast du dich in deiner Komfortzone eingerichtet, greifst du möglicherweise nur auf ein begrenztes Repertoire an Verhaltensweisen, Überzeugungen und Gefühlen zurück. Dies ermöglicht dir, bei der Bewältigung verschiedener Aspekte deines Lebens ein stabiles und akzeptables Leistungsniveau aufrechtzuerhalten, ohne das Risiko einzugehen, dass Dinge passieren könnten, welche Angst, Ungewissheit oder Furcht auslösen.

Du wirst dich vermutlich fragen: Was ist daran falsch? Auch wenn es anscheinend nichts Negatives über eine derartige Einstellung zu sagen gibt, besteht jedoch die Möglichkeit, dass die betroffene Person sich nicht weiterentwickelt, immer mehr in ihrer Angepasstheit stagniert und unzufrieden wird. Die Ursache für ein derartiges Verhalten liegt häufig in mangelndem Selbstvertrauen, Risiken einzugehen und sie zu überwinden. Es handelt sich typischerweise um Menschen, die wenig Entschlusskraft haben, nicht viel Autorität ausstrahlen und denen es häufig an Individualität mangelt, weil sie sich immer der Gruppe anpassen.

Überlege bitte, ob du dich mit einem dieser Persönlichkeitsmerkmale identifizierst:

- Du hast Angst, Risiken einzugehen und Chancen auszulassen, weil du denkst, verlieren anstatt gewinnen zu können.

- Du fühlst dich häufig apathisch und unfähig, intellektuell und emotional zu wachsen.

- Dich motivieren Zukunftspläne, Projekte oder das Ausprobieren neuer Dinge mäßig bis überhaupt nicht.

- In deinem Alltag neigst du dazu, Aufgaben auf unbestimmte Zeit und ohne ersichtlichen Grund aufzuschieben.

- Du verschiebst das, was du "gerne tun würdest" auf unbestimmte Zeit in die Zukunft.

Um zu wachsen und uns zu entwickeln, müssen wir aus unserer Komfortzone herauskommen. Am Anfang wird es nicht leicht sein, denn du wirst von Ängsten und Unsicherheiten geplagt werden. Die folgende, sehr wirkungsvolle Übung wird dir helfen, deine persönliche Komfortzone zu überwinden und den "Sprung" aus der Angepasstheit zu vollziehen.

Die Übung besteht aus drei Phasen:

Phase 1: Definiere deine Komfortzone.

Schreibe in das unten stehende Kästchen die Namen all der Menschen, der Dinge und der Orte, die dir Wohlbefinden bieten und Sicherheit vermitteln. Es wird Zeiten geben, in denen du dich an sie wenden musst, und so hast du sie immer zur Hand.

Beispiel Skizze:

Nimm Dir ein leeres Buch, Block oder leere Blätter in einem Schnellhefter, wo Du Deine Tabellen, Listen, Bilder usw. skizzieren und schreiben kannst

Phase 2: Hole Meinungen ein

Wähle einige der Menschen, die du in die Box aufgenommen hast, aus und bitte sie, dir ehrlich zu sagen, in welchen Bereichen deines Lebens du ihrer Meinung nach mehr wagen könntest.

Schreibe in ein Notizbuch den Namen und das, was jede dieser Personen zu dir gesagt hat. Behalte im Hinterkopf, dass dies zwar nur Meinungen sind, diese jedoch sehr nützlich für eine Übung zur Selbstbeobachtung sein können.

Namen	In welchen Punkten kann ich ein Risiko eingehen?

Beispiel Skizze:
Nimm Dir ein leeres Buch, Block oder leere Blätter in einem Schnellhefter, wo Du Deine Tabellen, Listen, Bilder usw. skizzieren und schreiben kannst

Phase 3: Überwinde deine Ängste.

Es ist wichtig, dass du dir bewusst machst, was dir Angst bereitet und dich so sehr blockiert, dass du nichts Neues wagen kannst. Schreibe all das in das unten stehende Viereck.

Beispiel Skizze:
Nimm Dir ein leeres Buch, Block oder leere Blätter in einem Schnellhefter, wo Du Deine Tabellen, Listen, Bilder usw. skizzieren und schreiben kannst

Mach dir nun zu folgenden Punkten Gedanken und halte diese schriftlich fest. Dies wird dir helfen, deine Komfortzone zu überwinden.

- Heute werde ich Folgendes anders machen (schreibe genau auf, was du tun wirst).
- So will ich heute die Hindernisse überwinden.
- Heute bin ich aus meiner Komfortzone herausgetreten und habe Folgendes über mich entdeckt.

ÜBUNG 22

Überwinde deine hohen Ansprüche an dich selbst

Bist du ein Perfektionist? Was antwortest du auf die Frage: "Hätte ich es besser machen können?" Ein Perfektionist wird diese Frage immer bejahen. Kommt dir das bekannt vor? Wenn ja, dann weißt du vermutlich noch nicht, wie viel Lebenszeit du deswegen verschwendest.

Perfektionismus ist, anders, als du vielleicht denkst, nicht immer eine Tugend. Manchmal kann er geradezu heimtückisch werden und den Betroffenen sogar krank machen. Zwar ist es grundsätzlich positiv, Dinge so gut wie möglich machen zu wollen, jedoch kann ein Übermaß an Perfektion dazu führen, dass wir uns Ziele setzen, die unmöglich zu erreichen sind. Dies hat häufig Angst vor Versagen, Frustration oder Stress zur Folge.

Wenn du dir manchmal wünschst, die Welt möge für eine Weile stillstehen, weil du nicht alles erledigen kannst, frage dich in Zukunft: "Wie viel verlange ich mir selbst ab?"

Hier ist eine Übung, die dir helfen wird, zu verstehen, dass nicht alles nicht Perfekte gleichzeitig inakzeptabel ist. Wenn du das schaffst, kannst du damit aufhören, mit dir selbst zu hart ins Gericht zu ziehen.

ÜBUNG

"Erkenne deinen inneren Kritiker und erziehe ihn um"

Was du über dich selbst denkst, bestimmt, wie du dich selbst fühlst. Deshalb ist es so wichtig, den inneren Dialog zu analysieren, den du mit dir selbst führst. Negative Gedanken kommen uns häufig automatisch in den Sinn, wir erzeugen sie nicht. Wir sind auch nicht dafür verantwortlich, dass sie vorhanden sind und vor allem sollten wir ihnen nicht zu viel an Wert beimessen, denn sie bewahrheiten sich fast nie.

Versuche, die Stimme zu identifizieren, die, wenn du in den Spiegel blickst, folgendes zu dir sagt: „Du siehst furchtbar aus, du solltest Kleidung tragen, die deinen Bauch stärker kaschiert." Wenn es dir schwerfällt, zu erkennen, woher diese Stimme kommt, versuche dich an Situationen in deinem Leben zu erinnern, die sich zwischen deinem sechsten und sechzehnten Lebensjahr ereignet haben und in denen deine Vorbilder vielleicht ähnliche Dinge zu dir gesagt haben.

Beobachte dich im Laufe der nächsten Woche selbst und notiere in der ersten Spalte der folgenden Tabelle alle negativen Gedanken, die dir dein Verstand in verschiedenen Situationen sendet. Schreibe dann daneben den „Gegengedanken", der deinen ursprünglich negativen Gedanken konterkariert. Stelle dir dabei folgende Situation vor: Deine beste Freundin oder der Mensch, der dich am meisten liebt, entgegnet deinem von dir notierten, negativen Gedanken eine positive Gegenmeinung. Was denkst du, würde sie/er zu dir sagen? Notiere dies in der zweiten Spalte.

Schlechte Gedanken	Ausgleichende Gedanken
Du siehst aus wie ein Flittchen in diesem kurzen Rock	Du hast so viel mehr Ausstrahlung
Es ist schlimm, was mit mir da passiert ist	Ich habe mein Bestes getan

Beispiel Skizze:

Nimm Dir ein leeres Buch, Block oder leere Blätter in einem Schnellhefter, in dem Du Deine Tabellen, Listen, Bilder usw. skizzieren und hineinschreiben kannst

Positiv mit dir selbst zu kommunizieren ist wichtig, damit dein Selbstbild gestärkt wird. Deshalb ist es vorteilhaft, den "Gegengift"-Gedanken so oft wie möglich zu lesen. Du wirst sehen, wie dein Geist durch das wiederholte Lesen in kurzer Zeit automatisch auf die negativen Gedanken reagiert und dir der positive Gegengedanke in kürzester Zeit wie von allein in den Sinn kommt.

ÜBUNG 23

Lerne, die Meinung anderer zu ignorieren

Bist du ein Mensch, der ein Leben lebt, welches sich andere Menschen für dich ausgesucht haben, oder schaffst du es, die Angst vor dem Urteil anderer zu überwinden und gemäß deiner eigenen Ansprüche zu leben? Viele Menschen, die Dinge tun, die ihnen von anderen angediehen werden, anstatt bei sich selbst zu bleiben, suchen in Wirklichkeit Anerkennung und Bestätigung. Anstatt so zu leben, dass man glücklich ist, versucht man, bei anderen Menschen gut anzukommen. Man möchte, dass das Gegenüber Gutes von einem denkt.

Das ist ein Stück weit normal, denn wir sind soziale Wesen und wir benötigen das Gefühl der Zugehörigkeit. Es ist auch nicht per se schlecht, sich um sein Image oder die Art und Weise zu kümmern, wie andere Menschen uns wahrnehmen. Ein Problem entsteht erst dann, wenn die Meinung anderer uns daran hindert, die Initiative zu ergreifen, um das zu tun, was wir, gemäß unserer eigenen Maßstäbe, selbst wollen, um uns gut zu fühlen und glücklich zu sein. Außerdem werden wir es nie schaffen, jedem zu gefallen. Daher sollten wir so früh wie möglich akzeptieren, dass wir nur unsere eigenen Ziele erreichen können, niemals aber die von anderen Menschen für uns gesteckten Ziele.

Ein guter Weg, um stärker bei sich zu bleiben, ist, sich stets bewusst zu machen, dass auch wir nicht alle Aspekte einer Person gleichermaßen schätzen. Es wird Einstellungen, Aussagen und Handlungen geben, die wir kritisieren, ohne jedoch den ganzen

Menschen infrage zu stellen. Wir lieben, schätzen und genießen andere Menschen, auch wenn nicht alle Facetten ihres Denkens und Handelns mit unseren übereinstimmen.

Folgende Übung zur Stärkung der Selbstbehauptung wird dir helfen, die Angst vor dem, was andere sagen könnten, zu überwinden:

Selbstbehauptung ist gekennzeichnet durch die Fähigkeit, Kritik angemessen geben oder empfangen zu können. Eigene Ansichten können dann fest, aber respektvoll und ohne Feindseligkeiten vertreten werden. Wenn der Mensch das Gefühl hat, dass er über persönliche Ressourcen verfügt, um eine negative Meinung oder einen kritischen Kommentar zu akzeptieren oder zu bewältigen, gewinnt er an Sicherheit, sein Selbstvertrauen wird gestärkt und er wird externen Faktoren gegenüber stärker.

Mithilfe des folgenden Leitfadens kannst du stets deine eigene Meinung strukturiert zum Ausdruck bringen. Er beinhaltet vier Schritte:

1. **SAGE ES:** Du fasst deine Meinung in einem Satz zusammen und äußerst sie gleich zu Beginn deiner Intervention.
2. **ERKLÄRE ES**: Nun sagst du, warum du denkst, was du denkst und bringst weitere Details deiner Meinung zum Ausdruck.
3. **BEWEISE ES:** Zitiere Statistiken oder Daten, finde Beispiele, die deine Argumente unterstützen oder erzähle von persönlichen Erlebnissen, die deine geäußerte Meinung untermauern und die zum Ausdruck bringen, warum dies deine Wahrheit ist.
4. **FASSE ZUSAMMEN:** Fasse die Hauptidee zusammen.

Nun zur Übung für diese Woche:

Erinnere dich an ein Thema oder an eine Situation, zu dem/der du eine Meinung hattest, die nicht der Meinung anderer Menschen um dich herum entsprach.

Beispiel: Du erinnerst dich beispielsweise daran, dass in deiner Gruppe von Freunden stets Witze gemacht werden, die du unangenehm findest und du möchtest, dass dies in Zukunft unterbleibt. Du hast aber bisher noch nichts dazu gesagt, weil du nicht unangenehm auffallen wolltest.

Nimm jetzt Papier und Stift zur Hand und mache dir eine kleine Skizze:

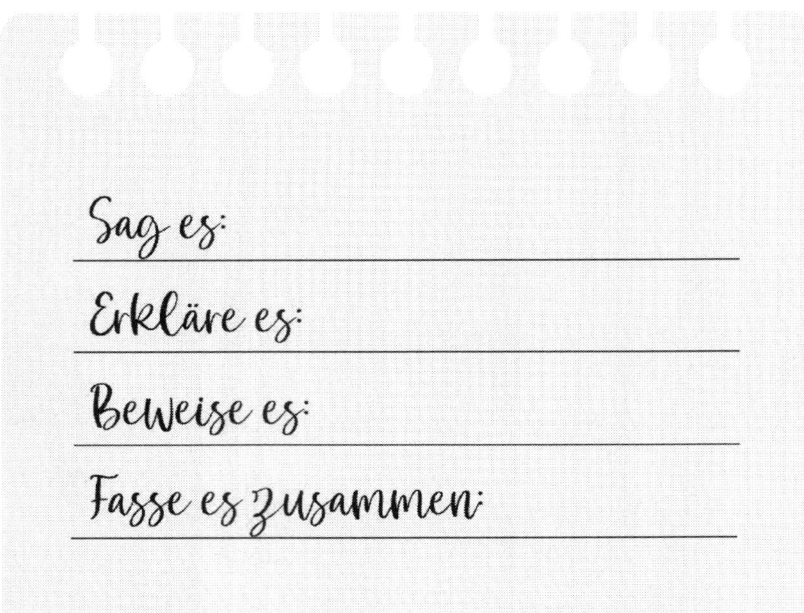

Beispiel Skizze:
Nimm Dir ein leeres Buch, Block oder leere Blätter in einem Schnellhefter, wo Du Deine Tabellen, Listen, Bilder usw. skizzieren und schreiben kannst

Sobald du obige Skizze ausgefüllt hast, kannst du einfach einige Male laut und mit fester Stimme üben, auf der Grundlage deines Plans deine Meinung zu äußern. Beachte stets, dass Dinge, die zur Gewohnheit werden sollen, oft bewusst durchgeführt werden müssen, damit sie mit der Zeit in Fleisch und Blut übergehen können.

Denke nun darüber nach, wann der beste Zeitpunkt wäre, um zu sagen, was du vorbereitet und geübt hast und setze ein konkretes Datum. Wird es diese Woche sein? Oder brauchst du ein paar Wochen, um mehr Selbstvertrauen zu gewinnen? Nimm dir die Zeit, die du für angemessen hältst, aber trage dein Vorhaben jetzt im Kalender ein.

ÜBUNG 24

Werde dir deiner persönlichen Geschichte bewusst

Wer bist du? Wie bist du zu dem geworden, was du bist? Wie hast du dir das Leben aufgebaut, welches du heute lebst?

Die Analyse unserer Lebensgeschichte in ihren verschiedenen Phasen ist grundlegend, um unser Selbst zu erkennen, um herauszufinden, welche Muster wir wiederholen, um zu analysieren, ob die Entscheidungen, die wir getroffen haben, unsere eigenen oder die unserer Umgebung waren. Schöne oder traurige Erinnerungen können unsere Entscheidungen beeinflussen und oft nehmen wir aus unserer Vergangenheit Überzeugungen mit, die wir für gültig und wahr halten, ohne sie zu hinterfragen.

Im nächsten Schritt darfst du analysieren, welche Ereignisse dich geprägt oder möglicherweise dazu gebracht haben, dich im Strudel des Lebens zu verlieren. Werfen wir also einen Blick zurück auf die Momente, die für dich entscheidend waren. Du weißt vielleicht noch nicht, welche das sind, aber du wirst es mit dieser Übung herausfinden.

Sieh dir mehrere Fotos von dir aus verschiedenen Phasen deines Lebens an und erstelle daraus deine Autobiografie.
Wähle zwischen 5 und 10 deiner eigenen Fotos aus und ordne sie in chronologischer Reihenfolge auf einem Tisch an. Sieh sie dir genau an und beantworte diese Fragen:

- In welcher dieser Phasen deines Lebens hast du dich am besten gefühlt? Warum?

- In welcher hast du dich am schlechtesten gefühlt? Warum?

- Was hättest du gerne anders gehabt

- Wie geht es dir jetzt

- Was würdest du gerne ändern?

- Welche wichtigen Ereignisse gab es in deinem Leben, die aufgrund ihrer Bedeutung ein Vorher und Nachher markiert haben? Welche Erfahrungen haben zu wichtigen oder transzendenten Veränderungen in deinem Leben geführt?

Schreibe die Überlegungen zu deiner Lebensgeschichte auf.

Monatsübersicht zu deiner emotionalen Befindlichkeit:

Schreibe jeden Tag auf, wie du dich fühlst, indem du das Kürzel für die jeweilige Emotion in den jeweiligen Kalendertag einträgst.

G	R	M	T	Ä	W	A
glücklich	ruhig	müde	traurig	ängstlich	wütend	andere

1	2	3	4	5	6	7
8	9	10	11	12	13	14
15	16	17	18	19	20	21
22	23	24	25	26	27	28
29	30	31				

Beispiel Skizze:

Nimm Dir ein leeres Buch, Block oder leere Blätter in einem Schnellhefter, wo Du Deine Tabellen, Listen, Bilder usw. skizzieren und schreiben kannst

ÜBUNG 25

Erkenne deine eigenen Bedürfnisse

Gehörst du zu den Menschen, die dazu neigen, anderen Menschen viel zu geben, ohne von ihnen wenig erhalten zu haben? Manchmal offenbaren wir zu viel von unserer Seele und geben fast einen Teil unseres Wesenskerns und unserer Integrität dabei auf, ohne es zu bemerken.

Ein Beispiel hierfür sind Beziehungen, in denen ein Partner viele seiner Wünsche zugunsten des anderen Partners eliminiert oder unter Umständen seine eigenen Bedürfnisse an die hinterste Stelle stellt, weil er glaubt, dass dies der beste Weg sei, um glücklich zu sein. Jedoch kommt nach und nach, ohne dass er es bemerkt, die Frustration zum Vorschein.

Versuchen wir, uns hierfür beispielsweise in die Lebensgeschichte von Cristina hineinzuversetzen:
Cristina arbeitete als Hebamme in einem Krankenhaus. Sie liebte ihren Beruf, kündigte diesen aber, als ihrem Mann ein viel besserer und stabilerer Job angeboten wurde, was einen Umzug in eine neue Stadt bedeutete. Von dem Gehalt ihres Mannes hatte die Familie ausgezeichnet gelebt, aber es war nicht möglich, in der neuen Stadt eine Festanstellung als Hebamme zu finden. Zuerst dachte Cristina, dass es gut wäre, mehr Zeit der Erziehung und Bildung ihrer Kinder zu widmen und mehr Zeit mit ihnen zu verbringen. Also gab sie ihren Beruf komplett auf und baute ihr Leben um den Beruf ihres Mannes herum auf. Jedoch träumte sie oft von ihrem Leben am alten Wohnort, von ihrem geliebten Beruf als Hebamme. Nach etlichen Jahren in der neuen Stadt wurde Cristina klar, dass sie viele Opfer für die Familie und ihren Mann

gebracht hatte und sie fühlte sich schrecklich, weil sie nicht auf das gehört hatte, was ihr ihre innere Stimme gesagt hatte. Ihr war klar, dass sie ein Leben führte, welches ihr nicht gefiel. Sie schlug also ihrem Mann vor, wieder in die alte Stadt zurückzuziehen und ganz von vorn anzufangen, um in dem Beruf arbeiten zu können, den sie wirklich leidenschaftlich liebte. Die Kinder waren nun erwachsen, sie brauchten nicht mehr so viel Fürsorge und die Familie hätte von weniger Geld leben können.
Die Geschichte endet unschön: Da ihr Mann nicht an den alten Wohnort zurückzukehren beabsichtigte, beschloss sie, sich von ihm scheiden zu lassen und ihr Leben so aufzubauen, wie sie es wirklich wollte.

Es mag dich überraschen, aber es ist nicht immer leicht zu erkennen, was unsere wirklichen Bedürfnisse in jedem Moment unseres Lebens sind. Manchmal wollen wir sie nicht sehen, wir aktivieren sogar unbewusste Abwehrmechanismen, um sie nicht erkennen zu müssen.

Sich einzugestehen, dass es vielleicht besser wäre, den Job oder die Person zu verlassen, den Schritt zu wagen, der unseren Charakter stärkt und der es uns ermöglicht, glücklicher zu sein etc. - das ist nie einfach.

Um herauszufinden, was dein wichtigstes Bedürfnis ist, kannst du diese 3 Schritte befolgen:

- **FÜHLE ES:** Ich weiß, dass etwas mit mir nicht stimmt, dass ich eine Leere habe und dass ich nicht wirklich glücklich bin. Ich werde mir dessen bewusst, weil ich es in meinem Herzen spüre, weil es mein emotionales Gleichgewicht beeinflusst.

- **BENENNE DAS BEDÜRFNIS:** Bin ich unerfüllt? Brauche ich eine Veränderung? Muss ich einer Person ehrlich sagen, wie ich mich fühle? Versuche, deine Bedürfnisse in konkrete Worte zu fassen: Ist es das, was ich wirklich will/brauche?

- **ERGREIFE MAẞNAHMEN:** Das ist der komplizierteste Teil, bei dem du mutig sein und nur an dich selbst und an deine Verpflichtung, deine Bedürfnisse zu befriedigen, denken musst. So zu handeln bedeutet nicht, egoistisch zu sein, sondern ganz zu sein und zu wissen, was dein inneres Selbst verlangt und braucht.

ÜBUNG 26

Werde dir deiner dich selbst limitierenden Glaubenssätze bewusst

Glaubenssätze, welche uns selbst limitieren bzw. in unserer Entwicklung einschränken, sind negative Ideen oder Gedanken. Wir halten sie für selbstverständlich und sie bestimmen unser Leben, ohne dass sie unbedingt wahr sind. Beispiele hierfür können sein: „Bei mir geht alles schief" oder „Ich bin nicht gut in Englisch."

Diese Überzeugungen können ihren Ursprung in schlechten Erfahrungen haben, die wir seit Jahren oder sogar seit unserer Kindheit gemacht haben, als uns, um beim Beispiel von oben zu bleiben, jemand sagte, dass wir nicht gut in Sprachen seien. Wir machen diese Aussagen zu Glaubenssätzen, die uns selbst und unsere weitere Entwicklung begrenzen. Da viele Glaubenssätze in der Kindheit entstehen, ist es wichtig, Kinder stets anzuregen, positive Ideen zu entwickeln, die sie ermutigen, vorwärts zu gehen und Schwierigkeiten zu überwinden.

Unser Gehirn kann uns einen Streich spielen und eine uns selbst einschränkende Überzeugung kann uns dazu bringen, ein unerwünschtes Verhalten anzunehmen. Wenn ich glaube, dass ich schlecht in Englisch bin, fühle ich mich unter Umständen nicht motiviert, es zu lernen, und ich werde mich auch nicht genug anstrengen, sodass das Endergebnis das ist, was mein Gehirn vorhergesagt hat. Wir verursachen dann selbst das negative Ergebnis als Ergebnis dieses Glaubens.

Hier ist eine Übung, mit der du dir der dich limitierenden Glaubenssätze bewusst werden kannst, die du möglicherweise in dir trägst. Ziel der Übung ist es, die eigenen Überzeugungen kontinuierlich und beharrlich infrage zu stellen, um sie anschließend durch positive Glaubenssätze zu ersetzen.

Sich bewusst zu machen, dass man einen sich selbst limitierenden Glaubenssatz in sich trägt und zu verstehen, welcher das ist, ist der erste wichtige Schritt dieser Übung.

SCHRITT 1:

Werde dir deiner dich selbst beschränkenden Glaubenssätze bewusst

Folgende Tabelle bietet dir eine Übersicht darüber, in welchen Bereichen der Glaubenssatz manifestiert sein kann.

Sein	Ich muss immer fröhlich sein, um geliebt zu werden.
Machen	Ich sollte meine Arbeit perfekt machen, damit ich kein Versager bin.
Haben	Ich sollte immer ein sauberes Haus haben, sonst hält man mich für faul
Können	Ich bin kein intelligenter Mensch
Verdienen	Ich verdiene es nicht, so sehr geliebt zu werden
Möglichkeit	Heutzutage ist es sehr schwierig, einen guten Job zu finden.

Beispiel Skizze:
Nimm Dir ein leeres Buch, Block oder leere Blätter in einem Schnellhefter, in dem Du Deine Tabellen, Listen, Bilder usw. skizzieren und hineinschreiben kannst

Es ist sinnvoll, an den Begriffen "IMMER" und "NIE" zu arbeiten, die häufig in Glaubenssätzen enthalten sind (z.B. "Ich sollte IMMER ein sauberes Haus haben, sonst hält man mich für faul"). Diese Begriffe schränken nämlich dein Leben ein und sperren dich häufig in einen Käfig aus absurden Selbstverboten, die dich wiederum daran hindern, voranzukommen, dich weiterzuentwickeln und das zu tun, woran du Freude hast. Schreibe daher in folgende Übersicht all jene Glaubenssätze, die dir in diesem Moment in den Sinn kommen:

Immer	Nie

Beispiel Skizze:
Nimm Dir ein leeres Buch, Block oder leere Blätter in einem Schnellhefter, in dem Du Deine Tabellen, Listen, Bilder usw. skizzieren und hineinschreiben kannst

Wenn du den Glaubenssatz gefunden hast, der dir das Leben schwer macht, ist es im zweiten Schritt sinnvoll, diesen zu beseitigen. Verabschiede dich hierbei von "IMMER" und "NIE" und anderen dich einschränkenden Begriffen. Sei frei, dein Leben so zu leben, wie es dir gefällt, erlaube dir, Fehler sowie Schritte nach vorn oder zur Seite zu machen. Hauptsache, du bewegst dich!

SCHRITT 2:

Beseitige deine dich selbst limitierenden Glaubenssätze und ersetze sie durch neue, positive Überzeugungen

Folgende Schritte können dir hierbei behilflich sein:

- Werde dir der Probleme bewusst, die deine Überzeugungen dir bereiten. Um zu wissen, ob du es mit einer dich selbst einschränkenden Überzeugung zu tun hast, musst du ihre Konsequenzen verstehen.

- Was verpasst du? Was hast du davon, wenn du das denkst, was du denkst?

- Beurteile, ob sie dir etwas Positives bringt: Was ist so gut an dieser Überzeugung, dass dein Denken sie aufrechterhält? Sicherlich hat dir dieser Gedanke irgendwo und irgendwie einmal etwas gebracht. Es ist wichtig, dass du weißt, welche positive Absicht dein dich selbst begrenzender Glaubenssatz einmal hatte, bevor du ihn änderst.

- Entscheide dich für einen neuen, ermutigenden Gedanken oder Glaubenssatz: Er muss die gleiche Absicht haben wie der vorherige einschränkende Glaubenssatz. Ermutigende Überzeugungen sind diejenigen, die uns helfen, auf das Ziel zuzugehen, das wir uns gesetzt haben. Es sind Überzeugungen, die uns antreiben, zu wachsen und das Beste aus uns herauszuholen.

- Hier sind einige Beispiele für ermächtigende Überzeugungen:

- Wenn ich mich richtig anstrenge, werde ich in kurzer Zeit Englisch lernen können.

- Ich hatte ein erfülltes Leben, ich habe viel erreicht und ich kann gehen, wohin immer ich will.

- Das Auswahlverfahren ist hart, aber ich bin bereit, erfolgreich zu sein.

- Es gibt viele Kandidaten, aber ich bin genauso gut, wenn nicht sogar besser vorbereitet als sie.

- Obwohl ich noch nicht den perfekten Partner gefunden habe, bin ich mir sicher, dass ich eines Tages jemanden finden werde, mit dem ich glücklich bin.

Häufig werden uns im Lauf unseres Lebens von außen Etiketten aufgedrückt. Das sind Glaubenssätze, wie wir angeblich sind, was wir können etc.… Dabei wird implizit davon ausgegangen, dass der Mensch nicht in der Lage sei, sich zu wandeln oder sein Denken und Handeln zu ändern. Alle diese Glaubenssätze agieren entgegen deiner Entwicklung! Am Ende können sie zu selbsterfüllenden Prophezeiungen werden, die dich dazu verleiten, zu glauben, dass du das bist, was dir dein Umfeld dein ganzes Leben lang erzählt hat, obwohl du es nicht bist. Daher solltest du beim nächsten Übungsschritt v.a. ein Augenmerk auf die Etiketten legen.

ÜBUNGSSCHRITT 3:
Identifiziere deine Etiketten

Identifiziere deine Etiketten und überprüfe, ob sie zu dir passen. Wenn das nicht der Fall ist, werfe das jeweilige Etikett über Bord bzw. deute es kognitiv zu einem dich stärkenden, positiven Glaubenssatz um.

Welches Etikett?	Von wem habe ich es?	Ändere es!
Du bist sehr ungeschickt	Meine Mutter hat das immer als Scherz zu mir gesagt.	Ich gebe mein Bestes, auch wenn es nicht perfekt wird.

Beispiel Skizze:

Nimm Dir ein leeres Buch, Block oder leere Blätter in einem Schnellhefter, in dem Du Deine Tabellen, Listen, Bilder usw. skizzieren und hineinschreiben kannst

KAPITEL 3

Entwickle einen positiven Geist und Du verfügst über eine Superkraft

Dein innerer Diskurs kann der größte Stolperstein in deiner persönlichen Entwicklung sein. Wenn du lernst, positiv mit dir selbst zu sprechen, hat das einen Effekt auf all deine Worte, die du nach außen schickst, sowie auf dein Handeln. Es ist offensichtlich, dass ein positiv programmiertes Gehirn viel besser funktioniert und produktiver arbeitet, als ein gestresstes, negativ ausgerichtetes oder unter Druck stehendes Gehirn. Es liegt also in deinem Interesse, deinen inneren Dialog zu optimieren. Erkenne die Macht, welche von "Ich kann es schaffen!" ausgeht, gegenüber "Ich kann es nicht", sowie von "Ich versuche es, dann werde ich sehen, was sich daraus ergibt" gegenüber "Es ist unmöglich". Erkenne den Unterschied und nutze diesen zu deinem Vorteil, sodass du dein Wohlbefinden und letztlich deine Lebensqualität verbessern kannst.

Der erste Schritt ist, dass wir uns unserer Worte bewusst werden. Im zweiten Schritt trainieren wir, uns auf das Positive zu konzentrieren, auf das, was wir haben, anstatt auf das, was uns fehlt. Wir werden den Fokus auf einen grundlegenden Aspekt legen, welcher einen großen Einfluss auf unseren Geist hat: Das Management unserer eigenen Emotionen.

Zu wissen, wie wir unsere Emotionen erkennen und was sie uns sagen ist wichtig, damit wir uns auf das Positive konzentrieren können. Unangenehme Emotionen wie Wut, Traurigkeit oder Angst können dazu führen, dass unser Geist blockiert und uns daran hindert, vorwärtszukommen. Zu wissen, wie man mit diesen negativen Emotionen umgeht, kann der Schlüssel zu unserem inneren Wohlbefinden sein.

ÜBUNG 27

Spüre die Dankbarkeit in dir

Wusstest du, dass Dankbarkeit dein Gehirn buchstäblich transformiert? Das Gefühl, Dankbarkeit zu empfinden, ist sehr mächtig, denn es erzeugt einen äußerst positiven Gemütszustand und vertreibt Ängste und Befürchtungen. Die Neurowissenschaft hat gezeigt, dass das Belohnungssystem des Gehirns aktiviert wird, wenn unsere Gedanken Gefühle der Dankbarkeit hervorrufen. So regt Dankbarkeit die Ausschüttung von Neurotransmittern wie Oxytocin und Dopamin an, die wiederum positive Emotionen stimulieren.

Verharren wir jedoch permanent in einem negativen Gemütszustand, indem wir Probleme wälzen oder auf all unsere Unzulänglichkeiten blicken, werden die neuronalen Netzwerke des negativen Denkens stärker. Das Üben von Dankbarkeit kann den Fokus unserer Aufmerksamkeit auf angenehme Erfahrungen und Situationen lenken, die wir sonst übersehen würden.

Dankbarkeit ist nicht nur ein Gefühl, sondern auch eine Haltung, die unser tägliches Leben verändern kann. Sie bringt viele Vorteile mit sich: Sie verbessert persönliche Beziehungen, stärkt das Immunsystem, sorgt für mehr Optimismus, verbessert den Schlaf und die Regenerationsfähigkeit, verringert das Gefühl von Einsamkeit, verbessert unser Selbstwertgefühl und hilft uns, besser mit Veränderungen umzugehen.

Kennst du das Gefühl, gestresst zu sein, deine Gefühle nicht kontrollieren zu können, schlecht zu schlafen und von deiner Arbeit nicht richtig abschalten zu können, obwohl die äußeren

Umstände eigentlich sehr positiv sind, du vielleicht gerade in deinem Job aufgestiegen bist, mehr Verantwortung zugetragen bekommen hast etc.? Eventuell kann dir helfen, dich in Dankbarkeit auf dasjenige zu konzentrieren, was du in deinem Leben bereits erreicht hast, anstatt auf die Anforderungen und stressigen Situationen in deinem (Arbeits-)Leben.

Folgende Übung soll dich in den nächsten 21 Tagen dazu animieren, mehr Dankbarkeit für das, was du bereits hast, zu empfinden. Versuche, die Übung sehr konsequent jeden Tag durchzuführen, damit es für dich zur Gewohnheit wird, Dankbarkeit zu spüren und dieses Gefühl auf Dauer in deinen Tagesablauf zu integrieren.

Erstelle ein Dankbarkeitstagebuch:
Notiere bitte jeden Tag drei Dinge, die dir passiert sind und für die du dankbar bist.

- Bedanke dich bei drei Menschen für etwas, was dir gut getan hat. Notiere dies ebenfalls.

- Mache in Achtsamkeit einen kleinen Spaziergang und nimm all die schönen Dinge um dich herum wahr, für die es sich lohnt, dankbar zu sein. Zum Beispiel die Wärme der Sonne auf deinem Gesicht, den Geruch des Regens, die Farbe des Sees, die Brise des Meeres, den Klang des Vogelgezwitschers.

ÜBUNG 28

Schätze deine eigenen Leistungen

Um unsere Ziele zu erreichen, müssen wir das, was wir bereits erreicht haben, wertschätzen lernen. Die Anerkennung unserer eigenen Leistungen hilft uns, unser Selbstwertgefühl zu verbessern und schafft eine solide Grundlage, um uns weiterhin neue Ziele zu setzen.

Häufig neigen wir dazu, zu denken, dass wir Versager sind, dass wir nichts Relevantes zustande gebracht haben, dass das, was wir erreicht haben, nur Glück war oder dass wir die Erfolge, die wir erzielt haben, nicht verdient haben. Anstatt über die Erfolge nachzudenken, erinnern wir uns ständig daran, wie schlecht wir bei diversen Tätigkeiten sind. Manchmal erkennen wir zwar unsere Errungenschaften an, messen ihnen aber nicht die Bedeutung bei, die sie verdienen würden. Wir vergleichen uns mit anderen Menschen, die unserer Meinung nach Dinge verwirklicht haben, die uns selbst unerreichbar zu sein scheinen.

Dabei ist es nicht notwendig, sich nur auf die wirklich großen Taten im Leben zurück zu besinnen. Alles, was zum Erfolg geführt hat und sei es auch nur die kleinste Anstrengung, die dir abverlangt wurde, alle Ängste und Unsicherheiten, die überwunden wurden, solltest du dir gegenüber positiv anerkennen.

Niemand kann eine Errungenschaft besser einschätzen, als du selbst, denn nur du kennst wirklich die Anstrengungen, die du unternommen hast, die Stolpersteine, die du bezwungen hast, die Schlachten, die du geschlagen hast.

Hier sind drei wichtige Schritte, mit denen du lernen kannst, deine persönlichen Leistungen zu schätzen und zu feiern:

SCHRITT 1:

Identifizieren: Der erste Schritt besteht darin, dir darüber klar zu werden, welche Leistungen du feiern und wertschätzen willst. Manchmal haben wir den Eindruck, dass etwas, das uns nicht viel gekostet hat, nicht wichtig ist, oder wir fürchten, dass wir für überheblich gehalten werden, weil wir bestimmten Dingen einen besonderen Wert beimessen. Wenn du Zweifel hast, ob etwas, das du getan hast, wirklich anerkennenswert ist, stell dir folgende Frage: Wenn es die Arbeit meines Freundes oder eines meiner Geschwister wäre, würde ich sie als Leistung ansehen und sie feiern? Wende diese Regel auf dich selbst an.

SCHRITT 2:

Aufschreiben: Im nächsten Schritt stellst du deine Leistungen mithilfe des BAUMS DER ERFOLGE bildhaft und anschaulich dar. Dies hat eine sehr motivierende Wirkung.

- Zeichne dabei einen großen, farbigen Baum auf ein großes Blatt Papier. Zeichne ihn, wie er dir gefällt, aber denke daran, dass dieser Baum dich repräsentiert. Zeichne ihn also schön. Ergänze Wurzeln, Äste und Früchte in verschiedenen Größen. Auf die Früchte schreibst du alle deine Errungenschaften: Auf die großen Früchte die wichtigsten Erfolge und auf die kleinen Früchte die weniger wichtigen.

- Setze auf die Wurzeln diejenigen Eigenschaften, Fähigkeiten und Werte, die es dir ermöglicht haben, diese Leistungen zu erbringen. Auf diese Weise kannst du alle deine Fähigkeiten identifizieren, sie erkennen und wertschätzen.

- Hast du Schwierigkeiten, dich an deine Erfolge zu erinnern? Wenn dies der Fall ist, bitte drei Menschen, die dich gut kennen, dir mindestens drei Errungenschaften zu nennen, die ihrer Meinung nach auf dich zurückzuführen sind. Anschließend vervollständigst du deinen Baum mit dem, was sie dir sagen. Diese Aktion wird dir helfen, dir einiger Errungenschaften bewusst zu werden, die du selbst vielleicht nicht sehen kannst.

SCHRITT 3:

Feiern: Feiere deine Erfolge. Nun ist der Moment gekommen, den Baum zu betrachten, der du bist. Er ist dein Spiegelbild. Du wirst überrascht sein, welche Qualitäten und Errungenschaften du hast und was du alles erreicht hast. Hänge das Bild an einem gut sichtbaren Ort auf. Jedes Mal, wenn du es ansiehst, wirst du dich gestärkt fühlen, denn es wird dich daran erinnern, was du alles erreichen kannst. Du kannst den Baum weiter ergänzen, wenn du neue Erfolge erzielst.

Monatsübersicht zu deiner emotionalen Befindlichkeit:

Schreibe jeden Tag auf, wie du dich fühlst, indem du das Kürzel für die jeweilige Emotion in den jeweiligen Kalendertag einträgst.

G	R	M	T	Ä	W	A
glücklich	ruhig	müde	traurig	ängstlich	wütend	andere

1	2	3	4	5	6	7
8	9	10	11	12	13	14
15	16	17	18	19	20	21
22	23	24	25	26	27	28
29	30	31				

ÜBUNG 29

Lerne, deine Gefühle zu verstehen

Emotionen sind Reaktionen, die in unserem Körper und Gehirn erzeugt werden, damit wir uns an die momentane Lebenssituation anpassen können. Hirnorganisch betrachtet sind sie eine Reihe elektrischer Entladungen, die unser Gehirn sendet, um entschlüsseln und verstehen zu können, was um uns herum passiert. Die richtige Interpretation dieses Signals ist das, was wir emotionale Intelligenz nennen.

Die Reaktion auf einen bestimmten Reiz wird bei jedem Menschen anders ausfallen, da sie durch frühere Erfahrungen, Erlebnisse oder Überzeugungen aus unserer Erziehung oder unserem Umfeld bedingt ist. Es gibt beispielsweise Menschen, die in einer Krisensituation schnell reagieren und das Problem lösen können. Andere Menschen hingegen blockieren aufgrund unangenehmer Emotionen und neigen dazu, wegzulaufen.

Die Entscheidungen, die wir in unserem Leben treffen, werden von den Emotionen bestimmt, die wir empfinden. Je besser man in der Lage ist, seine Gefühle zu verstehen und zu steuern, umso leichter können Entscheidungen getroffen werden. Leider gibt es aber keine universelle Gebrauchsanweisung, wie Emotionen in jeder Situation zu verstehen sind. Wir müssen von Kindheit an lernen, mit ihnen umzugehen.

Nimm dir einige Minuten Zeit und reflektiere kurz hinsichtlich deiner emotionalen Befindlichkeit:

- Bist du zufrieden damit, wie du mit deinen Emotionen umgehst?

- Kannst du leicht erkennen, was du fühlst?

- Bist du dir deines emotionalen Rucksacks bewusst?

Die folgende Übersicht bietet einen Überblick über die wichtigsten Emotionen. Der amerikanische Psychologe Robert Plutchik spricht von sechs grundlegenden, komplexen Emotionen, die für unser Überleben wichtig sind. Das sind seiner Meinung nach Ärger, Trauer, Furcht, Freude, Überraschung und Liebe. Diesen Grundemotionen sind sogenannte Nebenemotionen zugeordnet, die eine Feinjustierung im emotionalen Gefüge ermöglichen. Wichtig anzumerken ist, dass es keine guten oder schlechten Emotionen gibt. Manche sind einfach nur angenehm und andere eher das Gegenteil. Wir dürfen aber nicht vergessen, dass jede Emotion ihren Zweck erfüllt. Die aufgelisteten Emotionen sollen es dir ermöglichen, dich mit deinen Emotionen stärker vertraut zu machen. Um zu lernen, mit unseren Emotionen umzugehen, benötigen wir Zeit, um in uns hineinzuhören, zu analysieren. Emotionales Bewusstsein erfordert Übung und Geduld.

Ärger	Trauer	Furcht	Freude
Wut	Selbstmitleid	Bedrohung	Genuss
Zorn	Einsamkeit	Beklemmung	Zufriedenheit
Verbitterung	Mutlosigkeit	Phobie	Wonne
Rage	Schwermut	Angst	Spaß
Verärgerung	Depression	Panik	Vergnügen
Empörung	Kummer	Sorge	Zuwendung
Feindseligkeit	Leid	Unruhe	Befriedigung
Gereiztheit	Groll	Ungewissheit	Euphorie
Anfeindung	Pessimismus	Beunruhigung	Ekstase
Hass	Verzweiflung	Nervosität	Glückseligkeit
Gewalt		Terror	

Einer der ersten Schritte im Umgang mit Emotionen ist, die Emotion zu spüren und zu benennen.

Nimm dir am Ende des Tages fünf Minuten Zeit, um dich zu erinnern und einige Situationen aufzuschreiben, die du an diesem Tag erlebt hast. Spüre nach, was du in dieser Situation gedacht hast und wie du dich dabei gefühlt hast. Stufe dabei die Intensität deiner Emotion auf einer Skala von 1 bis 10 ein (1=schwache Intensität; 10=starke Intensität) und notiere dies ebenfalls in der dritten Spalte.

Situation	Interpretation	Emotionen
Was ist passiert?	Was habe ich gedacht?	Von 1 bis 10, wie habe ich mich gefühlt?

Beispiel Skizze:

Nimm Dir ein leeres Buch, Block oder leere Blätter in einem Schnellhefter, in dem Du Deine Tabellen, Listen, Bilder usw. skizzieren und hineinschreiben kannst

Nachdem du nun eine Woche lang dieses emotionale Register geführt hast, führe folgende Übung zur Selbstbeobachtung durch und beantworte folgende Fragen:

- Was will mir dieses Gefühl sagen? Was könnte die versteckte Botschaft sein?
- Wie gehe ich im Moment mit diesen Gefühlen um?
- Wiederhole ich ein Muster?

ÜBUNG 30

Lerne, mit unangenehmen Emotionen umzugehen

Hast du dich schon einmal hoffnungslos von einem starken Gefühl mitreißen lassen, das dich die Kontrolle verlieren ließ? Hast du beispielsweise im Eifer des Gefechts Dinge gesagt, die du später bereut hast? Vielleicht bist du "ausgerastet" oder hast jemanden - deinen Partner, dein Kind, einen Arbeitskollegen oder vielleicht den Fahrer eines anderen Autos - so heftig beschimpft, dass du später gemerkt hast, dass es unangebracht war? Wenn du eine dieser Fragen mit "Ja" beantwortet hast, bedeutet das, dass du vermutlich von deiner Amygdala überrumpelt wurdest. Das ist ein kleiner Bereich des limbischen Systems, welcher eine Mandelkern-Form aufweist, für die emotionale Kontrolle zuständig ist und den Namen Amygdala (Mandelkern) trägt.

Der englische Begriff "Amygdala Hijacking" wurde erstmals von dem Psychologen Daniel Goleman verwendet und geprägt. Er beschreibt damit eine sofortige und intensive emotionale Reaktion, die in keinem Verhältnis zur Situation steht. Im Volksmund wird davon gesprochen, dass bei jemandem "die Sicherung durchbrennt" oder jemand "ausrastet". Die Amygdala ist eine uralte Struktur im Gehirn, die darauf ausgelegt ist, schnell auf eine Bedrohung reagieren zu können. Wenn unsere Amygdala in Urzeiten eine Gefahr witterte, musste sie in Sekundenbruchteilen entscheiden, ob eine Kampf- oder Fluchtreaktion ausgelöst werden soll und entsprechende biologische Prozesse (Ausschüttung von Stresshormonen) initiieren.

Amygdala Hijacking ist also keine psychische Störung, sondern eine Episode hoher Emotionalität, die die Fähigkeit der Person, klar zu denken, außer Kraft setzt und sie dazu bringt, völlig geblendet von ihren Emotionen zu handeln, gekapert von dem Zustand hoher emotionaler Erregung.

Sie kann unter anderem als Folge einer intensiven Angst auftreten, die uns lähmt oder uns dazu bringt, aus der Situation zu fliehen, als Folge eines Eifersuchtsanfalls, der zu Aggression führt, als Folge eines Ausbruchs von zerstörerischer Wut usw.

Heutzutage lösen starker Stress, Arbeitsbelastungen oder Unsicherheiten, denen wir ausgesetzt sind, solche Reaktionen aus. Infolgedessen werden Adrenalin und Cortisol ausgeschüttet, die unseren Körper für etwa vier Stunden emotional lähmen.

Es gibt eine Reihe von Schritten, die Daniel Goleman selbst vorschlägt, um Amygdala-Hijacking zu verhindern und zu vermeiden.

SCHRITT 1:

Beantworte diese Fragen:

- Was ist normalerweise der Auslöser, wenn du einen emotionalen Kontrollverlust erlebst?
- Wovor hast du am meisten Angst, wann wirst du wütend oder nervös...?
- In welchem Moment gehen die Emotionen unkontrolliert mit dir durch?

- In welchen Zusammenhängen und wann passiert dir das normalerweise?
- Wie fühlst du dich kurz vor dem emotionalen Kontrollverlust?
- Was sind die häufigsten körperlichen Symptome, die einer dieser Episoden vorausgehen?

Durch eine gute emotionale Selbsterkenntnis kannst du verstehen, was emotionales Hijacking verursacht, kannst es verhindern und deine Emotionen beruhigen, bevor sie dich blind machen.

Schritt 2:

Unterbinde die emotionale Kurzschlussreaktion: Zähle bis zehn, warte ein paar Minuten, um dich zu beruhigen, lerne zu denken, bevor du handelst, und trainiere deine Geduld, um dich in solchen Momenten zurückhalten zu können. Jede Strategie oder Technik, die es uns ermöglicht, für einen Moment innezuhalten, kann uns helfen, unseren Geist zu beruhigen.

Zu diesem Zweck eignet sich die sogenannte "Ampeltechnik", eine Übung, die sich ebenfalls dafür eignet, um Wut und wütende Impulse zu kontrollieren.

Stell dir eine Ampel vor, wie die, die du hier gezeichnet siehst, oder wenn du das nicht kannst, zeichne deine eigene auf ein kleines Blatt Papier, das du in deinem Tagebuch, auf deinem Computer oder in deiner Tasche mit dir tragen kannst.

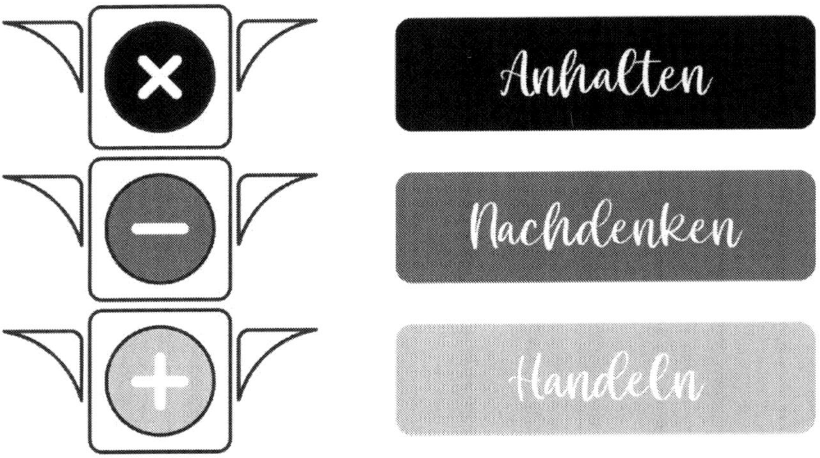

Die Farbe Rot sagt dir, dass du deine Reaktion unmittelbar stoppen solltest: Sage oder tue nicht das, was du gerade sagen oder tun wolltest. Dieses Licht erinnert dich daran, dass es an der Zeit ist, tief durchzuatmen und ruhig zu bleiben.

Die Farbe Orange lädt dich dazu ein, die Situation aus einer ruhigeren Perspektive zu betrachten und die beste Option und deren mögliche Konsequenzen abzuwägen.

Die Farbe Grün wird aktiviert, sobald du spürst, wie das Blut in deinen Kopf zurückfließt und du weißt, dass das, was du tun oder sagen wirst, nicht das Ergebnis eines Impulses ist. Du solltest nur handeln, wenn du das Gefühl hast, dass die Zeit der Farbe Grün gekommen ist.

Als Nächstes befassen wir uns mit unangenehmen Emotionen und wie du sie bewältigen kannst.

ÜBUNG 31

Navigiere sicher durch Phasen der Traurigkeit

Traurigkeit ist eine Reaktion auf einen Verlust oder eine ungünstige Situation. Sie kann verschiedene Auslöser haben, wie zum Beispiel eine schmerzhafte Erfahrung oder den Verlust einer Person, eines Arbeitsplatzes oder eines wertvollen Gegenstandes. Häufig ist das Gefühl von Traurigkeit mit anderen Symptomen wie Mutlosigkeit, Appetitlosigkeit, Schlafproblemen oder Konzentrationsstörungen gekoppelt.

Verspürst du Traurigkeit, so stelle dir folgende Fragen und wende je nach Antwort diejenige Technik an, die dir am besten hilft, diese zu überwinden.

- Wann habe ich angefangen, traurig zu sein? Woran habe ich gemerkt, dass ich dieses Gefühl habe?
- Was habe ich verloren, sodass ich nun traurig bin?
- Wie habe ich es verloren?
- Warum habe ich es verloren? Liegt es an mir?
- Wie wirkt sich das auf mich aus: Familie, Arbeit, Gesundheit...?
- Kann ich zurückbekommen, was ich verloren habe, und wenn nicht, wie fühle ich mich mit diesem Verlust?

Wenn dein Verlust irreparabel ist, führe die folgende Übung durch. Wenn dies nicht der Fall ist, gehe gleich weiter zu Übung 2.

ÜBUNG 1:

Wenn Du dich bereit dazu und stark genug fühlst, schreibe einen Abschiedsbrief: Erkläre, wie du dich fühlst, verabschiede dich von deinem Verlust. Schreibe alles auf, was du dazu sagen möchtest, drücke deine Gefühle aus, deine Ängste, deine Frustration, deine Hilflosigkeit, einfach alles…
Schreibe als nächstes auf, wie du weiter vorgehen möchtest: Erkläre, wie du wieder auf die Beine kommen möchtest, auch wenn es eine Weile dauert, bis du dich wieder erholt hast. Schildere, dass du alles tun wirst, um über den Verlust hinwegzukommen, dass du stark genug bist, um die Situation zu überstehen.

ÜBUNG 2:

Wenn du deinen Schaden reparieren kannst, dann schreibe eine Absichtserklärung. Erstelle einen Plan. Skizziere eine Reihe von Maßnahmen, die in deiner Macht stehen, um das, was du verloren hast, zurückzugewinnen. Wenn du zum Beispiel deinen Job verloren hast, wirst du Zeit damit verbringen, dich um dich selbst zu kümmern, dich weiterzubilden, einen guten Lebenslauf zu schreiben, dich in deinem Berufsfeld fortzubilden usw. Passe deinen Plan an das an, von dem du wirklich weißt, dass du es schaffen kannst.

ÜBUNG 32

Nutze die Angst als Ansporn

Angst ist die Reaktion auf eine drohende Gefahr. Angst sendet uns wertvolle Informationen, die uns dazu bringen können, auf drei Arten zu reagieren, nämlich zu fliehen, anzugreifen oder zu erstarren. Angst ist eine der intensivsten Emotionen, da sie eng mit dem Überlebensinstinkt verbunden ist.

Oft tritt die Angst nicht in ihrer primären Form auf, sondern wird mit anderen Emotionen wie z.B. Unsicherheit kombiniert. Nach dem ersten Funken Angst werden uns unsere Wahrnehmung, unsere vergangenen Erfahrungen und Überzeugungen dazu bringen, die eine oder andere Entscheidung zu treffen.

Beantworte dann die folgenden Fragen:

- Welche Situationen machen mir Angst?
- Was sagt diese Angst über mich aus, ist sie kohärent?
- Warum spüre ich diese Angst, die mich überwältigt und mit der ich nicht umgehen kann?
- Was kann ich tun, um damit umzugehen, anstatt gelähmt zu sein?

Obwohl wir die Angst nicht aus unserem Leben verbannen können (und sollten), können wir lernen, mit ihr zu leben, sie zu bewältigen und zu verhindern, dass sie unser Leben blockiert oder uns lähmt.

ÜBUNG:

Versuche, dir im Geist ein Bild davon zu machen, welche Form und Farbe deine Angst haben könnte.

Visualisiere mit geschlossenen Augen, wovor du Angst hast, z.B. ein Dreieck, ein Quadrat, rot, grün... Stell dir vor, wie groß es ist und wie sich seine Beschaffenheit anfühlt. Stell dir so viele Details vor, wie du kannst. Wenn du willst, kannst du es auf Papier zeichnen. Das hilft dir, die Angst aus einer anderen Perspektive zu betrachten. Jetzt, wo du sie aus einem anderen Maßstab heraus siehst, versuche zu verstehen, was diese Angst dir sagen will und frage dich, ob du sie wirklich überwinden möchtest.

Wenn die Angst auf ein Gefühl der Unsicherheit zurückzuführen ist, kann man ihr mit einer gegenteiligen Haltung begegnen: mit Zuversicht. Wenn wir unser Selbstvertrauen stärken, können wir alle Situationen, die uns verunsichern, besser bewältigen. Um dein Selbstvertrauen zu stärken, empfehle ich dir die **Übung 16 Konzentriere dich auf deine Ressourcen.**

Monatsübersicht zu deiner emotionalen Befindlichkeit:

Schreibe jeden Tag auf, wie du dich fühlst, indem du das Kürzel für die jeweilige Emotion in den jeweiligen Kalendertag einträgst.

G	R	M	T	Ä	W	A
glücklich	ruhig	müde	traurig	ängstlich	wütend	andere

1	2	3	4	5	6	7
8	9	10	11	12	13	14
15	16	17	18	19	20	21
22	23	24	25	26	27	28
29	30	31				

Beispiel Skizze:
Nimm Dir ein leeres Buch, Block oder leere Blätter in einem Schnellhefter, wo Du Deine Tabellen, Listen, Bilder usw. skizzieren und schreiben kannst

ÜBUNG 33

Beseitige deine Sorgen

Menschen haben die unglaubliche Fähigkeit, mögliche zukünftige Ereignisse, aber auch etwaige Probleme, von denen sie nicht genau wissen, ob sie tatsächlich eintreffen werden, vorherzusehen und rechtzeitig Lösungen dafür zu finden.

Im Großen und Ganzen können wir die Sorge als ein Gefühl definieren, das aufkommt, wenn wir Zweifel im Hinblick auf die Zukunft haben. Vielleicht machst du dir Sorgen um die Gesundheit deiner Familie, um die Begleichung deiner Schulden, um die Pflege von Angehörigen, um deine Sicherheit oder um andere wichtige Bedürfnisse.

Sorgen können die Konzentration erschweren, einen schlechten Schlaf verursachen, zu veränderten Essgewohnheiten führen und sich in Form von Unruhe, Nervosität, Rastlosigkeit oder Angst äußern.

Deshalb ist es wichtig zu analysieren, welche Zukunftsszenarien Sorgen verursachen.

ÜBUNG 1
Was passieren kann und wird

Viele der Sorgen oder gedanklichen „Was-wäre-wenn"-Szenarien, über die wir in Erwartung der Zukunft nachdenken, werden nie eintreten, und das wissen wir eigentlich sehr genau. Wir alle haben uns schon millionenfach Sorgen über Dinge gemacht, die nie passiert sind. Und wenn es dann doch passiert, sagst du möglicherweise: "Ich habe so viel darüber nachgedacht, ob dieses oder jenes passieren würde, und nun ist es doch ganz anders gekommen... "

In dieser Übung solltest du deine Art, dir Sorgen zu machen, hinsichtlich folgender Punkte genauer unter die Lupe nehmen:

- Welches Zukunftsszenario macht dir im Moment Sorgen?

- Hast du möglicherweise das Gefühl, dass dies überhaupt gar nicht eintreten wird? Welche Anzeichen hierfür gibt es? Was wird deiner Meinung nach stattdessen passieren, wenn das, worüber du dir Sorgen machst, nicht eintritt?

- Was könntest du tun, wenn das, was du befürchtest, Wirklichkeit wird? Was machst du, um damit fertig zu werden? Glaubst du, dass du dich später davon erholen kannst? Gibt es jemanden, der dich dabei unterstützt?

Wie denkst du nun über das Zukunftsszenario, über welches du dir Sorgen gemacht hast, nachdem du all diese Fragen beantwortet hast?

ÜBUNG 2
Was von mir abhängt

Schreibe mindestens zehn Dinge auf, die dich typischerweise im Verlauf von einer Woche beunruhigen könnten:

1.

2.

3.

4.

5.

6.

7.

8.

9.

10.

Sorgen entstehen immer dann, wenn wir versuchen, Ereignisse zu kontrollieren, auf die wir keinen Einfluss haben. Je besser es uns gelingt, unsere Sorgen zu sortieren, umso weniger Chance haben sie, uns damit zu belasten.

Du kannst deine Sorgen in drei verschiedene Kategorien einteilen:

- Dinge, über die du absolute Kontrolle hast:

- Dazu gehören Handlungen und Verhaltensweisen im Hinblick darauf, wie du Dinge tust oder wie du etwas sagst.

- Dinge, über die du ein wenig Kontrolle hast: Hierbei kannst du einen gewissen Teil selbst bestimmen, den anderen Teil jedoch nicht. Als Beispiel sei hier das Vorstellungsgespräch genannt: Deine Aufgabe ist es, dich gut auf das Gespräch vorzubereiten, gut auszusehen und pünktlich zu sein. Ob du für den Job ausgewählt oder abgelehnt wirst, hängt jedoch nicht von dir ab.

- Dinge, über die du keinerlei Kontrolle hast: z.B. das Wetter, ein Verkehrsstau…

Nimm nun deine Liste mit den Sorgen der Woche zur Hand und sortiere sie im Hinblick auf deine Kontrolle. Schreibe neben die Sorge jeweils ein C, wenn du Kontrolle über die Situation hast, ein CC, wenn du nur ein wenig Kontrolle hast und ein NC, wenn du keinerlei Kontrolle hast. Ziel der Übung ist es, dasjenige beiseite zu schieben, was du nicht kontrollieren kannst und deine Energie auf das zu konzentrieren, was du unter Kontrolle hast.

Wähle dann die Anliegen mit CC aus und bearbeite sie: Welche Maßnahmen kannst du diese Woche ergreifen, um die Anzahl der Sorgen, die du selbst beeinflussen kannst, zu reduzieren?

Sorge	Ich werde

Beispiel Skizze:

Nimm Dir ein leeres Buch, Block oder leere Blätter in einem Schnellhefter, in dem Du Deine Tabellen, Listen, Bilder usw. skizzieren und hineinschreiben kannst

Was wäre, wenn du mehr Kontrolle über die Situationen hättest, über die du dir Sorgen machst, als du denkst?

Schau dir die Situationen an, über die du keine Kontrolle hast, und frage dich: "Wenn ich die Kontrolle über sie hätte, was würde ich tun? Was würde passieren? Was könnte ich tun, um zu verhindern, dass die Ereignisse eintreten?"

Du wirst feststellen, dass du häufig doch eine gewisse Kontrolle über diese Situationen hast. Diese Kontrolle kann darin bestehen, diese Situationen zu verändern, neu zu definieren oder aus deinem Leben zu streichen.

Was kannst du umdefinieren?
Was kannst du entfernen?

ÜBUNG 34

Vergib dir selbst und befreie dich von Schuldgefühlen

Wir neigen dazu, uns häufig viele Vorwürfe zu machen. Wir treffen Entscheidungen oder führen Handlungen aus und bereuen diese im Nachgang bzw. schaffen es nicht, uns die Taten zu verzeihen.

Im Laufe der Zeit können sich die Variablen, die unser Verstand analysiert, um eine Entscheidung zu treffen, aufgrund von Reife, Lernen und gemachten Erfahrungen stark verändern. Erst dann verstehen wir, dass unser Handeln aus der heutigen Perspektive heraus damals falsch war und die Selbstvorwürfe beginnen.

Allerdings verdient jeder Mensch Vergebung sich selbst gegenüber. Das Wichtigste dabei ist, dass wir verstehen, warum wir so gehandelt haben, wie wir es getan haben und auf welchen Überzeugungen unser Handeln damals beruhte.

Das Gegenmittel gegen Schuld ist Mitgefühl: Wenn du dich selbst verstehst, vergibst du dir. Es ist wichtig, einen mitfühlenden inneren Dialog zu führen, der die Stimme der Schuld zum Schweigen bringt.

Diesen Zweck verfolgt die nächste Übung, die dir helfen wird, dein Mitgefühl mit dir selbst zu stärken:

SCHRITT 1:

Erinnere dich an ein Ereignis aus der Vergangenheit, bei dem dir deine innere Stimme heute Vorwürfe macht. Beantworte bitte folgende Fragen:

- Was hast du in diesem Moment gefühlt?
- Was hat dich dazu gebracht, das zu sagen oder zu tun, was du getan oder gesagt hast?
- Was war das Bedürfnis, das du in diesem Moment zu stillen versucht hast? Was wolltest du mit diesem Bedürfnis erreichen?
- Was hast du gedacht?
- Was hast du erwartet?
- Wie hast du die Dinge damals interpretiert?
- Welche positiven Dinge hat dich diese Situation gelehrt oder dir gebracht?

SCHRITT 2:

Vergebungsschreiben erstellen.

Nimm einen Stift und Papier zur Hand und schreibe einen Brief mit all den Dingen, die du dir nicht verzeihst.

- Dann schreibe einen weiteren Brief, in dem du dir selbst antwortest, so absurd das auch klingen mag. Versetze dich in die Lage einer Person, die dich sehr liebt. Stell dir vor, dass sie diejenige ist, die den Brief schreibt. Was würde sie zu dir sagen? Wie würde sie mit dir sprechen?

- Jetzt darfst du noch einen dritten Brief verfassen: In diesem schreibst du die Gründe auf, warum die andere Person - also du - dir vergeben sollte.

Der erste und zweite Brief helfen dir, loszulassen, alles loszulassen. Im dritten Brief findest du die Gründe, dir selbst zu verzeihen.

SCHRITT 3:

Erstelle eine Liste mit Slogans wie: „Ich vergebe mir selbst“ und „Ich akzeptiere mich selbst“.

Versuche, spontan zehn Sätze zu bilden, ohne viel darüber nachzudenken.

Hier sind einige Beispiele aufgelistet, falls dir keine einfallen. Vielleicht inspirieren sie dich, deine eigenen Sätze zu kreieren?

- *„Ich vergebe mir selbst, dass ich XY in der Vergangenheit getan habe und verpflichte mich, so etwas nicht noch einmal zu tun“.*

- *„Ich akzeptiere mich jetzt und damals als eine Person, die NUR versucht zu überleben, die versucht zu lernen und weiter zu wachsen“.*

- *„Ich vergebe mir selbst, dass ich Ja gesagt habe, obwohl ich eigentlich Nein sagen wollte.*

- *„Ich vergebe mir selbst, wenn ich mich wie eine Versagerin fühle“.*

- *„Ich schulde mir nichts für meinen Fehler; es ist vorbei, ich kann mir verzeihen und ich bin stolz darauf, zu wachsen und weiter zu lernen."*

- *Mitgefühl mit sich selbst stärkt unser Selbstkonzept und trägt zur Verbesserung des Selbstwertgefühls bei.*

ÜBUNG 35

Erhöhe deine Frustrationstoleranz

Unter Frustration fasst man eine Mischung aus Wut und Traurigkeit zusammen. Sie entsteht immer dann, wenn ein Bedürfnis nicht befriedigt werden kann, wenn etwas nicht so läuft, wie man es geplant hat.

Frustration ist eine der unangenehmsten Emotionen, die wir empfinden können. Sie wird häufig aus uns selbst heraus generiert, wenn wir das Gefühl haben, an unsere eigenen Grenzen gekommen zu sein, etwas nicht geschafft zu haben, weil unsere Fähigkeiten nicht ausreichen.

Wie bei allen anderen Emotionen auch, können wir sie nicht in Gänze vermeiden, aber wir können lernen, sie zu steuern und unsere Frustrationstoleranz zu erhöhen.

Beantworte die folgenden Fragen, um herauszufinden, was bei dir das Gefühl von Frustration auslöst:

- Was kann ich meinem Gefühl nach nicht erreichen?
- Warum bekomme ich nicht, was ich will?
- Ist es ein Wunsch oder ist es ein Bedürfnis, das zu bekommen, was ich momentan nicht erreichen kann?
- Was ist das Schlimmste, das passieren kann, wenn ich es nicht schaffe, XY zu erreichen?

- Was rede ich mir selbst ein? Sind es Formeln wie: "Ich bin nicht fähig...", "Ich bin es nicht wert..." ?

Wenn wir in eine Frustrationsspirale geraten, sollten wir innehalten, durchatmen und uns beruhigen. Um dies zu erreichen, kann man die Technik der VISUALISIERUNG anwenden. Dabei konzentriert man sich auf positive Gedanken. Diese wiederum beeinflussen unsere Stimmung und es ist möglich, beispielsweise das Gefühl von Ruhe und innerem Frieden spüren zu können.

Anweisungen:

Setz dich an einen ruhigen Ort ohne Hintergrundgeräusche, an dem du zehn Minuten lang ungestört bist. Atme ein paar Mal tief durch und spüre, wie sich dein Körper entspannt.

Stell dir vor, du bist an einem Ort, der Ruhe ausstrahlt. Das kann dein Zimmer, eine Landschaft, das Haus deiner Großeltern sein... was immer dir einfällt. Wichtig ist, dass es ein Ort ist, an dem du dich willkommen fühlst, egal ob er real oder nur in deiner Vorstellung existiert. Konzentriere dich in den nächsten zehn Minuten darauf, diesen Ort mit all deinen Sinnen wahrzunehmen.

Was hörst du, was siehst du, wie ist die Temperatur, nimmst du irgendwelche angenehmen Gerüche wahr?

Der Versuch, all diese angenehmen Dinge - Farben, Gerüche, Empfindungen - mental zu visualisieren, hilft uns, uns auf Dinge zu konzentrieren, die wir mögen.

WICHTIG: Wenn die Frustration zu groß wird, müssen wir manchmal eine Pause machen, uns ausruhen und abschalten. Gib dir selbst die Erlaubnis dazu. Unterbreche die Arbeit an deinen

Zielen für heute, gönn dir ein paar Minuten der Entspannung und fahre morgen mit deiner Arbeit fort.

Berücksichtige bitte, dass Frustration manchmal entstehen kann, weil du deine Ziele nicht erreichst. Analysierst du sie jedoch, erkennst du vielleicht, dass sie unter Umständen unerreichbar hoch gesteckt sind. In einer späteren Übung wirst du erfahren, wie du zu hoch gesteckte Ziele greifbarer gestalten kannst.

ÜBUNG 36

Erstelle dein Erste-Hilfe-Paket für Zeiten, in denen du negative Emotionen verspürst

Im folgenden Kapitel erhältst du Tipps, wie du mit Emotionen umgehen kannst, die du als sehr belastend und niederdrückend empfindest. Du lernst nun, mit welchen Erste-Hilfe-Maßnahmen du überwältigende Gefühle in den Griff bekommen kannst, sodass sie dich in deinem Aktionsradius nicht weiter einschränken können.

ÜBUNG 1

Werde Dir Deines Unterstützungsnetzwerks bewusst

Wenn wir uns schlecht fühlen, denken wir häufig, dass uns niemand versteht und dass wir alleine sind. Wir neigen dazu, die Situation zu dramatisieren und fühlen uns entmutigt. Eine gute Möglichkeit, diese negativen Gefühle abzuschwächen, ist es, die Namen derjenigen Menschen aufzuschreiben, auf die du in schlechten Momenten zählen kannst. Dabei spielt es keine Rolle, ob es sich um Menschen handelt, die du jeden Tag oder nur selten siehst, ob sie zu deiner engeren Familie gehören oder nicht. Reflektiere kurz, was jeder einzelne Mensch für dich bedeutet und notiere dies ebenfalls.

ÜBUNG 2

Erinnere dich an die Dinge, die dir gut tun und dich glücklich machen

Erstelle eine Liste mit mindestens zehn Aktivitäten, von denen du weißt, dass sie dich erfüllen und dich glücklich machen! Sie sollten an jedem beliebigen Tag von dir durchführbar sein. Beispiele könnten sein: im Haus tanzen, die Musik ganz laut aufdrehen, in deinem Lieblingslokal einen Kaffee trinken gehen, selber Pizza kochen, ein Bad mit ätherischen Ölen nehmen, ein Buch lesen, deinen Lieblingsfilm ansehen, spazieren gehen, Blumen kaufen...

1.

2.

3.

4.

5.

6.

7.

8.

9.

10.

Schreibe diese Aktivitäten auf farbige Zettel und lege diese in eine Schachtel. Wenn du einen schlechten Tag hast, nimmst du einen davon heraus, ohne hinzusehen. ÜBERRASCHUNG! Gönn dir die Zeit, kümmere dich um dich selbst und erfülle dich mit dem, was dir Freude bereitet und dich glücklich macht.

Monatsübersicht zu deiner emotionalen Befindlichkeit:

Schreibe jeden Tag auf, wie du dich fühlst, indem du das Kürzel für die jeweilige Emotion in den jeweiligen Kalendertag einträgst.

G	R	M	T	Ä	W	A

glücklich	ruhig	müde	traurig	ängstlich	wütend	andere

1	2	3	4	5	6	7
8	9	10	11	12	13	14
15	16	17	18	19	20	21
22	23	24	25	26	27	28
29	30	31				

Beispiel Skizze:
Nimm Dir ein leeres Buch, Block oder leere Blätter in einem Schnellhefter, wo Du Deine Tabellen, Listen, Bilder usw. skizzieren und schreiben kannst

ÜBUNG 37

Sprich mit dir, wie du mit deinem/r besten Freund/in sprechen würdest

Wie sprichst du mit dir selbst? Kennst du Sätze wie: "Es ist alles meine Schuld!", "Ich mache alles falsch!", "Ich bin eine Katastrophe!"?

Derartige Gedanken beeinflussen täglich unser Wohlbefinden und Glück. Der zugrundeliegende Prozess nimmt im inneren Dialog mit sich selbst seinen Anfang. Ist dieser Dialog von negativen Glaubenssätzen geprägt, so sind unsere daraus resultierenden Emotionen ebenfalls negativer Art. Diese Gefühle bringen uns dazu, als Reaktion dementsprechend zu handeln. Betrachten wir also die Welt sozusagen durch einen negativen Filter, ziehen wir das Negative förmlich in unser Leben. Umgekehrt bringt ein positiver innerer Dialog uns dazu, das Leben optimistischer zu sehen und dementsprechend zu handeln.

Der Schlüssel, der alles bestimmt, ist also nicht das, was im Außen passiert, sondern das, was du dir über das, was passiert ist, einredest. Deshalb ist es so wichtig, dass du weißt, wie du deinen inneren Dialog beeinflussen kannst. Sicherlich kennst du Menschen, deren negative Gedanken mit ihnen endlos Karussell fahren. Das ist keine schöne Vorstellung.

Du möchtest also nun deinen inneren Dialog zu deinen Gunsten umgestalten. Aber wie geht das? Im Folgenden findest du eine

Reihe von Schritten, die es dir ermöglichen, neue Nervenbahnen zu nutzen, d.h. deine Denkweise zu verändern. Jeder von uns hat mit seiner Art zu denken, bestimmte neuronale Bahnen geschaffen. Bildlich gesprochen, stellen sie einen Weg dar, auf dem sich im Laufe der Zeit eine immer tiefere Furche gebildet hat. Das ist der Grund, warum wir jedes Mal, wenn wir über etwas nachdenken, dazu neigen, dieselben alten Wege einzuschlagen. Wenn ich mir zum Beispiel angewöhnt habe, mich selbst als Opfer zu sehen und mich negativ zu beurteilen, werde ich immer wieder so denken, weil es mir leicht fällt.

- Konzentriere dich nun auf eine Situation, die unangenehme Gefühle hervorruft. Mach dir bewusst, was du in dieser Situation zu dir selbst sagst. Schreibe deinen inneren Dialog auf.

- Lies nun laut vor, was du geschrieben hast. Stell dir dabei vor, du würdest dies zu jemandem sagen, den du liebst. Wie fühlst du dich? Würde es dir gefallen, so mit diesem Menschen zu sprechen? Glaubst du, dein Gegenüber würde sich dabei gut fühlen, wenn du es ihm so sagst?

Trete nun einen Schritt zurück, um zu reflektieren:

- Wie könnte mein innerer Dialog mit mir selbst aussehen, damit ich mich besser fühle?

- Wie kann ich das Problem lösen?

- Bin ich es mir selbst wert, dass ich positiv mit mir spreche?

Verbinde dich mit deinen Gefühlen:

Welche Emotionen blockieren mich bzw. welche Emotionen dominieren mich?

- Finde gesunde Wege, um deine Emotionen und Gefühle auszudrücken und zu kanalisieren: Rede, halte inne und entspanne dich, atme und akzeptiere.

- Geh in eine Aktion, welche den Zustand deiner Gefühle verändert. Wenn einer dieser wiederkehrenden Gedanken auftaucht, nutze deinen Körper, um deinen emotionalen Zustand zu verändern. Bewege dich, springe, laufe, singe...

- Formuliere die Botschaft des inneren Kritikers um: Ändere die Sprache, ändere die Botschaft.

„Ich bin nicht perfekt, aber ich weiß, dass ich mein Bestes geben werde."

„Ich habe mir vorgenommen, dieses oder jenes richtig zu machen, mehr kann ich von mir selbst nicht verlangen."

ÜBUNG 38

Signalisiere deinen lieben Mitmenschen Dankbarkeit

Es gibt Menschen, die dir den Weg ebnen und dir das Leben in mancherlei Hinsicht leichter machen. Es sind Menschen, die dich bei deinen Entscheidungen unterstützen, die sich über deine Erfolge freuen, die dich vor holprigen Wegen warnen und die nicht möchten, dass du stolperst. Sie sind deine Stütze, sie halten deine Hand in schwierigen Momenten, sie bieten dir ihre Schulter an, wenn du weinen musst. Sie sind die Freude in deinem Leben und lächeln mit dir. Es sind Menschen, mit denen du dich wohl fühlst, mit denen du DU selbst sein und dein Leben fließen lassen kannst. Diese Menschen laden dich mit Energie auf, egal, wie gut oder schlecht dein Tag ist. Sie lieben und nähren dich.

Wenn du das Glück hast, so einen Menschen in deinem Leben zu haben, lohnt es sich, ihn wert zu schätzen, denn diese Person ist für dich ein Schatz. Du kannst dich sicher und frei fühlen, ohne von diesem Mensch beurteilt zu werden. Vielleicht ist dieser Mensch ein Familienmitglied, ein Freund, dein Partner oder Arbeitskollege?

Folgende Übung hilft dir, über die schönen Beziehungen nachzudenken, die dein Leben erhellen:

ÜBUNG:

Wandgemälde von wichtigen Menschen

Erstelle eine Liste mit den wichtigsten Menschen in deinem Leben. Setze nicht einfach nur irgendjemanden auf die Liste, den du nett findest oder magst. Du solltest deine "Lebensretter" auflisten, d.h. diejenigen Menschen, auf die die obige Beschreibung zutrifft. Schreibe ihren Namen, eine kurze Beschreibung dieser Menschen und warum du sie ausgewählt hast, dazu. Füge auch wenn möglich ein Foto bei.

Schreibe nun einen Brief der Dankbarkeit an jede Person an deiner Wand. Danke ihnen dafür, dass sie in deinem Leben sind. Erkläre ihnen, warum du sie ausgewählt hast, was sie dir bedeuten und wie sie dich fühlen lassen. Wenn du möchtest, kannst du diesen Brief an die betreffende Person weitergeben. Dies ist das schönste Geschenk für diesen Menschen, den du ihm machen kannst.

Das Leben ist zu kurz, um uns mit Menschen zu umgeben, die uns nicht wertschätzen. Im vierten Teil dieses Buches werden wir sehen, wie wir uns mit der sogenannten "Trampolin-Umgebung" selbst beschenken und toxische Menschen eliminieren können.

In der Zwischenzeit erhältst du ein paar gedankliche Anregungen darüber, wie gesunde Beziehungen aussehen, falls du anfangen möchtest, dein Umfeld zu analysieren.

Mein Umfeld besitzt Einfühlungsvermögen und ver- bzw. beurteilt mich nicht.

- Ich kann frei sein und mich aufrichtig ausdrücken.
- Mein Umfeld hilft mir, zu wachsen.
- Ich fühle mich unterstützt.
- Mein Umfeld akzeptiert mich so, wie ich bin und versucht nicht, mich zu ändern.
- Mein Umfeld ist ein sicherer Ort, ich bin dort ruhig und kann ICH selbst sein.
- Ich darf authentisch sein
- Ich darf frei und respektvoll sprechen.

ÜBUNG 39

Erfülle dein Leben mit Begeisterung

Sobald wir eine Haltung der Überforderung und Negativität annehmen, motiviert durch die Müdigkeit, die wir empfinden, durch die Sorgen, die uns plagen, durch die anstehenden Aufgaben, die wir noch vor uns herschieben oder durch die fehlende Motivation, eine bestimmte Aufgabe zu erledigen, werden wir entmutigt. Überwältigt vom Gewicht all der negativen mentalen und emotionalen Last, die wir auf unseren Schultern tragen, verlieren wir an Lebensmut und gehen langsam zugrunde.

Welches Gesicht zeigst du der Welt? Gehst du jeden Tag mit einem Lächeln auf den Lippen aus dem Haus? Hast du die Entscheidung getroffen, dein Leben mit einer positiven Grundeinstellung und mit Begeisterung zu leben?

Wie schaffst du es, deine mentale Haltung zu ändern und das Leben zu genießen?

Übung:

Übe dich in guter Laune und lächle

Laut einer aktuellen Studie der Harvard University kann ein Lächeln deinen Tag verändern.

Im Folgenden erhältst du verschiedene Strategien, wie du ein Lächeln in dein Leben integrieren kannst:

- Beginne jeden Tag in dieser Woche mit ein paar "glücklichen" Atemzügen: Atme hierfür ein paar Mal langsam und tief ein und aus und schenke dir beim Ausatmen ein kleines Lächeln.

- Sorge dafür, dass in dieser Woche alle deine Interaktionen mit anderen Menschen mit einem Lächeln beginnen (in deiner Familie, bei deiner Arbeit, mit deinen Freunden usw.). Am Ende der Woche schreibst du deine Überlegungen zu diesen Erfahrungen auf.

- Übe positive Affirmationen ein: Wie wir in der Übung über innere Dialoge in Bezug auf die Verbindungen in unserem Gehirn besprochen haben, entsteht ein neues neuronales Netzwerk, wenn wir positive Gedanken wiederholen. Auf diese Weise kannst du deine eigenen, positiven Affirmationen entwerfen und zu einem Menschen werden, der begeistert sein Leben lebt.

Um deine Affirmationen zu erstellen, folge diesen vier Schritten:

- Bestimme die Bereiche deines Lebens, in denen du dich verbessern willst.

- Formuliere Aussagen im Präsens und in der ersten Person.

- Hinterlasse sie an für dich gut sichtbaren Stellen als Erinnerungshilfe.

- Wiederhole sie laut, wenn möglich mehrmals am Tag.

Hier sind einige Beispiele:

Ich habe das Wissen, um die richtigen Entscheidungen zu treffen.

Ich will und wähle, was das Beste für mich ist.

Ich konzentriere mich darauf, meine Ziele zu erreichen.

Und jetzt bist du dran:

Meine positiven Affirmationen …

- ______________________________
- ______________________________
- ______________________________
- ______________________________

ÜBUNG 40

Behalte nichts für dich

Um eine neue Lebensphase bestmöglich und energiegeladen zu beginnen, müssen wir lernen, vergangene Zyklen zu schließen. Leider wissen wir häufig nicht, wie das genau geht.

Das Hauptziel des Schließens von Zyklen ist, Frieden mit der unmittelbaren Vergangenheit zu schließen. So können wir uns weiterentwickeln, ohne von dem Erlebten beeinflusst zu werden und ohne dass es in unsere Gegenwart eindringt. Jedes Ende impliziert auch einen Anfang. Und dieser Anfang muss im Mittelpunkt unserer Aufmerksamkeit und unseres Interesses stehen.

Schließen wir mit Vergangenem nicht bewusst ab, klammern wir uns unter Umständen weiterhin an etwas, das nicht mehr da ist, das uns schmerzt, das uns aber aus Angst vor dem Neuen daran hindert, ein neues Kapitel aufzuschlagen. Die folgende Übung hat genau dies zum Ziel. Sie schließt den Teil 3 des vorliegenden Buches ab. Im Teil 4 geht es darum, sich selbst zu ermächtigen, neue Ziele zu erreichen und die endgültige Veränderung zu beginnen. Um mit dem Übungsteil 4 optimal starten zu können, solltest du mit allem abschließen, was noch in der Schwebe ist. Dann wirst du friedlicher leben und mehr Energie haben, um zu wachsen.

Erstelle eine Liste mit Menschen, denen du noch etwas zu sagen hast, egal ob du es ihnen aus Angst, Verlegenheit oder weil es dir zu dem Zeitpunkt nicht wichtig erschien, bisher nicht gesagt hast.

Das gilt auch für Arbeitskollegen, deinen Partner, deine Freunde, Familie...

Es ist nicht immer einfach, von Angesicht zu Angesicht zu sprechen. Vielleicht ist es auch unmöglich, weil die betreffende Person nicht mit dir reden möchte? In diesem Fall könntest du versuchen, das Ausstehende mithilfe eines Briefs, einer E-Mail oder einer Nachricht zu kommunizieren. Es gibt hierfür viele Möglichkeiten. Versuche, damit in der folgenden Woche zu beginnen.

Mensch	Was ich tun werde	Datum
Ex Freundin	Abschiedsbrief	Montag

Beispiel Skizze:
Nimm Dir ein leeres Buch, Block oder leere Blätter in einem Schnellhefter, in dem Du Deine Tabellen, Listen, Bilder usw. skizzieren und hineinschreiben kannst

Obwohl das Schließen eines Kreislaufs bedeutet, dass wir Realitäten, die uns verletzen, loslassen müssen, ist damit immer auch Trauer verbunden. Deshalb ist es notwendig, dass du dir erlaubst, die Traurigkeit, die jedem Ende innewohnt, zu erleben und dich von der Realität zu verabschieden, die im Begriff ist, zu verschwinden.

Diese Übung kann intensiv und hart für dich sein. Ich ermutige dich, dich auf eine Person auf der Liste zu konzentrieren. Wenn es dir schwer fällt, alles in einer Woche zu erledigen, komm später darauf zurück und bearbeite es in Ruhe.

Monatsübersicht zu deiner emotionalen Befindlichkeit:

Schreibe jeden Tag auf, wie du dich fühlst, indem du das Kürzel für die jeweilige Emotion in den jeweiligen Kalendertag einträgst.

G	R	M	T	Ä	W	A

glücklich	*ruhig*	*müde*	*traurig*	*ängstlich*	*wütend*	*andere*

1	2	3	4	5	6	7
8	9	10	11	12	13	14
15	16	17	18	19	20	21
22	23	24	25	26	27	28
29	30	31				

Beispiel Skizze:
Nimm Dir ein leeres Buch, Block oder leere Blätter in einem Schnellhefter, wo Du Deine Tabellen, Listen, Bilder usw. skizzieren und schreiben kannst

KAPITEL 4

Empower yourself: Schaffe dir dein gewünschtes Leben

Laut Wörterbuch wird Empowerment folgendermaßen definiert: „Prozess, durch den Menschen ihre Fähigkeiten, ihr Selbstvertrauen, ihre Visionen und ihre Handlungsfähigkeit stärken, um positive Veränderungen in den Situationen, in denen sie leben, herbeizuführen."

Wir kommen nun zum letzten Teil dieses Buches. Wenn du bisher alle Übungen absolviert hast, kennst du deine Stärken, deine Fähigkeiten und weißt, wie hoch dein Potenzial ist. Du hast mit allem aufgeräumt, was dir Energie raubt und dich von deinen Zielen ablenkt.

Der folgende Übungsblock wird dich darauf vorbereiten, volles Vertrauen in dein Potenzial zu haben und deine Ziele zu erreichen. Die folgenden Übungen sind so konzipiert, als ob du einen Trainer neben dir hättest, der dich beim Marathonlauf coacht und dir immer wieder sagt, dass du weitermachen sollst, dass du es schaffst und dass du bereit bist, Veränderungen vorzunehmen und zu akzeptieren. Das Preisgeld wird sein, dass du weißt, dass du genau das Leben leben kannst, welches du dir wünschst und welches du verdienst.

Du hast großartige Arbeit geleistet, du bist auf der Zielgeraden.

ÜBUNG 41

Schreibe einen Brief an dich selbst

Heute wirst du dir einen Liebesbrief schreiben. Es wird auch ein Abschiedsbrief an dein altes, unsicheres und zögerliches ICH sein, das sich selbst nicht kannte und nicht wusste, wie es mit seinen Gefühlen umgehen sollte. Es mag sich wie ein Verlust anfühlen, aber es ist an der Zeit, Abschied vom alten ICH zu nehmen.

Es ist nicht irgendein Brief. Du solltest ihn mit demselben aufrichtigen Gefühl von Liebe schreiben, welches du dem Menschen schenken würdest, den du am meisten auf der Welt liebst. Du würdest ihm sicherlich all deine Unterstützung, dein Mitgefühl, deine freundlichen Worte, deine Ermutigung, deine Motivation, deine Begleitung und alles andere, was er braucht, anbieten.

Möglicherweise hegst du beim Schreiben gewisse Zweifel und vermisst vielleicht dein altes ICH. Erinnere dich jedoch immer daran, dass du dich entschieden hast, dich selbst zu lieben, dir selbst Priorität einzuräumen und dir selbst zu vertrauen. Dann wirst du dein Leben in Fülle leben.

Schreibe diese Woche den Brief an dich selbst

ÜBUNG 42

Setze Prioritäten

Wie sieht deine Prioritätenliste aus? Halte kurz inne und denke darüber nach.

Stellst du fest, dass dir eine endlose Liste von Verpflichtungen durch den Kopf geht, dass viele dieser Prioritäten auf Dritte ausgerichtet sind und dass sie kaum Elemente enthält, die mit dir selbst und der Fürsorge für dich zu tun haben? Vermutlich wird das Abarbeiten dieser Liste dich über die Zeit hinweg nicht glücklich machen, da du dich immer weiter von deinen eigentlichen Zielen und Wünschen im Leben entfernst.

Häufig stellen wir uns selbst in den Hintergrund, da tief in uns der Glaube verwurzelt ist, dass uns andere umso mehr lieben werden, je mehr wir uns ihnen hingeben und je weniger Grenzen wir uns setzen. Diese Haltung kann dazu führen, dass wir übermäßig von der Zuneigung anderer abhängig werden und uns emotional leer fühlen. Um gesunde, hochwertige Beziehungen aufzubauen, die mit unseren Werten übereinstimmen, müssen wir Grenzen setzen und unsere Bedürfnisse befriedigen.

Das macht dich nicht zu einem egoistischen Menschen - ganz im Gegenteil! Es gibt eine grundlegende und unumstößliche Regel: Wenn ich nichts anderes tue, als mich um die Gärten anderer Leute zu kümmern, wer gießt dann die Pflänzchen in meinem eigenen Garten? Wenn ich dazu neige, die Bedürfnisse anderer in den Vordergrund zu stellen, vernachlässige ich sicherlich meine eigenen.

Um sicherzustellen, dass wir Liebe erhalten, ist der einzige Weg, uns um unsere Selbstliebe zu kümmern, d.h. zu spüren, dass wir es verdienen, Liebe zu erhalten. Wenn wir uns selbst keine Priorität einräumen und die Bedürfnisse anderer immer vor unsere eigenen stellen, ist dies der Ausgangspunkt für eine Vielzahl von Problemen wie Angst, Streit, Frustration etc.. Eine derartige Haltung wird uns zwangsläufig von unseren Zielen ablenken, da wir am Ende oft die Probleme anderer Menschen mit uns herumtragen.

Wenn du Prioritäten setzen willst, musst du lernen, Grenzen zu setzen und Nein zu sagen (wie das geht, haben wir bereits in den Übungen 3 und 5 gesehen). Wir haben auch in der Übung „Zeit für dich“ gesehen, wie man sich Zeit für sich selbst nehmen kann. Aber jetzt gehen wir noch ein bisschen weiter.

Dein Terminkalender ist voll mit Aktivitäten, Terminen, Verpflichtungen und dem Versuch, es allen um dich herum recht zu machen. Du hörst lieber zu und löst die Probleme anderer Menschen als deine eigenen, weil das einfacher ist und weniger Aufwand erfordert. Jetzt ist die Zeit zum Nachdenken, um innezuhalten, einen Schritt zurückzutreten, dich selbst zu beobachten, dir selbst zuzuhören, auf deine Gefühle zu achten und deine Beziehung zu dir selbst zu entdecken.

Du wirst nun deinen Tag auditieren. Verwende folgende Vorlage, um deinen Tagesablauf genauestens zu dokumentieren. Beschreibe deinen Tag vom Aufstehen bis zum Schlafengehen. Schreibe all die Dinge auf, die du normalerweise jeden Tag tust.

07:00

08:00

09:00

10:00

11:00

12:00

13:00

14:00

15:00

16:00

17:00

18:00

19:00

20:00

21:00

22:00

23:00

00:00

Es ist normal, eine lange Liste von Verpflichtungen zu haben, aber sie sollte auch Aktivitäten zur Selbstfürsorge enthalten, die du als lohnend empfindest. Viele Menschen sagen beim Erstellen der Liste insgeheim zu sich selbst: „Aber ich habe dazu ja gar keine Zeit!“ Keine Sorge, in der nächsten Übung werden wir daran arbeiten, wie man delegiert und sich Hilfe sucht.

Als Nächstes erstellst du eine Liste mit Aktivitäten zur Selbstfürsorge, die du an deine aktuelle Routine anpassen kannst.

Diese Liste umfasst unter anderem folgende Elemente:

- körperliche Aktivitäten: Yoga, Bewegung, Tanzen, Laufen, Schlafen, Ausruhen…
- emotionale Aktivitäten: Musik, Schreiben, Zeichnen, fünfzehn Minuten an der frischen Luft verbringen...
- soziale Aktivitäten: Anrufen eines Freundes oder eines Familienmitglieds, um Hilfe bitten, Zuneigung zeigen, Zeit mit lieben Menschen verbringen...
- mentale Aktivitäten: Meditieren, Lesen, mit sich selbst reden...

Verbringe mindestens dreißig Minuten am Tag mit etwas, das dir hilft, dich gut zu fühlen.

Erholung	Zeit für mich
Wie viele Stunden schläfst du?	Fitnessstudio, Maniküre, Lesen

Beispiel Skizze:
Nimm Dir ein leeres Buch, Block oder leere Blätter in einem Schnellhefter, in dem Du Deine Tabellen, Listen, Bilder usw. skizzieren und hineinschreiben kannst

Wenn wir anfangen, Prioritäten zu setzen und gewisse andere Aufgaben abstoßen oder wenn wir weniger Zeit mit unseren Kindern verbringen, weil wir beschlossen haben, zu dieser Zeit zum Yoga zu gehen oder ein Buch zu lesen, kommen oft Schuldgefühle auf. Wenn das bei dir der Fall ist, stelle dir folgende Fragen, so als würdest du dein Leben aus einer gewissen Distanz heraus analysieren.

Wenn du mich von außen sehen könntest:

- Was würdest du von mir denken?
- Was würdest du für mich empfinden?
- Könntest du mir irgendwie helfen?
- Was würdest du an mir bewundern?
- Was würdest du zu mir sagen?
- Was würdest du für mich tun?

ÜBUNG 43

Lerne, Aufgaben zu delegieren und beginne jetzt damit

Wir sind für alles und jeden da, nur nicht für uns selbst. Eines Tages sind wir jedoch damit überfordert. Wir fühlen uns vernachlässigt und wir werden müde oder krank. Unsere Stimmung leidet, wir werden wütend, aggressiv oder brechen in Tränen aus. Kurz: Wir halten es nicht mehr aus.

Zögere daher nicht hinaus, zu delegieren. Teile und verteile Aufgaben. Beziehe deinen Partner, deine Familie, deine Freunde usw. mit ein.

Es gibt verschiedene Gründe, die uns davon abhalten, zu delegieren. Viele davon beruhen auf Annahmen, die wir im Kopf haben, die jedoch nicht wahr sind:

Zum Beispiel das Bedürfnis nach Kontrolle à la: "Wenn ich es nicht selbst mache, verliere ich die Kontrolle über die Aufgabe und weiß nicht, wie sie ausgehen wird."
Hierbei ist wichtig, sich immer wieder bewusst zu machen, wie wichtig es ist, demjenigen, an den man eine Aufgabe delegiert, absolut zu vertrauen. Beim Delegieren im Kontext von Arbeit ist wichtig, dass die Person, an die eine Aufgabe übertragen wird, auch wirklich in der Lage ist, sie auszuführen. Ist dies der Fall, kann dies im besten Fall einen Vertrauensvorschuss bedeuten und die Arbeitsbeziehung positiv beeinflussen.

Der Gedanke, dass Dinge, die nicht auf meine Art gemacht werden, schief gehen, ist ein Symptom für Unflexibilität. Vielleicht verlässt dein Partner die Küche nicht so sauber wie du oder bereitet das Essen nicht auf die gleiche Weise zu. Na und? Ist das wirklich so schlimm?

Eine weitere häufige Annahme ist, dass man für eine Aufgabe, welche man erledigen soll, auch gleichzeitig die maximale Verantwortung übernommen hat. Delegieren erscheint in diesem Fall schwierig. Wer ist dann für evtl. Fehler verantwortlich zu machen? Hierbei hilft eine klare Kommunikation mit demjenigen, dem die Aufgabe übertragen werden soll.

Delegieren ist eine Herausforderung und es ist an der Zeit, sich ihr zu stellen.

ÜBUNG 1:

Wenn du das nächste Mal merkst, dass du dich von einer Situation überwältigt fühlst, frage dich selbst:

Was kann ich tun, um es an ... zurückzugeben?

ÜBUNG 2:

Nehmen wir an, die andere Person (Ehemann, Partner, Sohn, Tochter, Arbeitskollege, Freund...) könnte 25 % dessen übernehmen, was du derzeit tust. Erstelle eine Liste mit allem, was du in den nächsten zwei Wochen in deinem Job zu erledigen hast und wie viel Zeit du für jede Aufgabe benötigst.

Kreuze ein Viertel aller Punkte auf der Liste der zu übertragenden Aufgaben an.

ÜBUNG 44

Investiere in dich selbst, ohne dabei Schuldgefühle zu entwickeln

Jetzt, wo du Zeit für dich selbst hast, weil du weißt, wie du delegieren kannst, ist es sinnvoll, einen Plan für ein ganzheitliches Selbstfürsorgeprogramm aufzustellen. Das bedeutet auch, dass du dir ab und zu etwas gönnst und ein wenig Geld in dich selbst investierst, ohne dabei Reue zu empfinden.

Viele Menschen entwickeln Schuldgefühle, wenn sie Geld für sich selbst ausgeben, wohingegen sie sich glücklich und zufrieden fühlen, wenn sie dasselbe für ihre Kinder, Partner, Eltern oder Freunde tun. Die Ursache hierfür liegt häufig in Glaubenssätzen, die uns in Bezug auf übermäßige finanzielle Ausgaben schon im Kindesalter eingetrichtert wurden und die wir verinnerlicht haben.

Vielleicht haben dir deine Eltern beigebracht, dass Ausgaben etwas Gutes sind - oder umgekehrt etwas Schlechtes - oder sie haben dir vermittelt, dass du nicht für Dinge bezahlen solltest, die du selbst erledigen kannst, wie z.B. jemanden mit der Reinigung des Hauses zu beauftragen.

In der folgenden Übung geht es nicht darum, große Geldbeträge auszugeben, sondern ohne Reue Geld in unsere Gesundheit, unser Wohlbefinden und unsere emotionale Stabilität zu investieren, wie wir es ohne zu zögern für andere tun würden. Hier kommen auch andere anerzogene Überzeugungen ins Spiel, wie z.B. die der Verdientheit: Habe ich das Gefühl, es erst verdienen zu müssen,

Geld für mich selbst ausgeben zu dürfen, oder empfinde ich es als ein Naturrecht, mir selbst etwas Gutes tun zu dürfen?

Der erste Schritt besteht also darin, herauszufinden, welche Gedanken eventuelle Schuldgefühle auslösen und woher sie kommen. Wenn die Anschaffung das Budget nicht übersteigt und du feststellst, dass es dir schwerfällt, sie zu genießen, frage dich selbst:

- Warum habe ich das Gefühl, dass ich es nicht verdiene?
- Gebe ich Geld aus, weil ich traurig oder gestresst bin? Ist Konsum eine Ersatzbefriedigung für mich?

In jedem Fall solltest du Glaubenssätze überwinden und dir etwas Spaß, Aktivitäten zur Selbstpflege, zur Steigerung deines Wohlbefindens und vor allem Zeit für dich selbst gönnen. Natürlich wird es in deinem umfassenden Selbstfürsorgeprogramm Elemente, Pläne oder Güter geben, die mehr kosten als andere. Deshalb sollte dein Plan auch die Überwachung und Kontrolle der Ausgaben enthalten, denn es geht auch nicht darum, einfach sinnlos Geld auszugeben.
Wir können jedoch jeden Tag kleine Dinge tun, die uns helfen, unseren Körper, unseren Geist und unsere Emotionen zu pflegen. Damit ist all das gemeint, was uns guttut und uns Wohlbefinden und Zufriedenheit verschafft. Denke daran, dass es in deiner Verantwortung liegt, auf dich aufzupassen. Du entscheidest, wofür du deine Zeit und dein Geld investieren möchtest. Während du diese Übung machst, blende für einen Moment deine Mitmenschen aus und denke stattdessen nur an dich selbst.

Ideen für die Pflege meines Geistes	Ideen, um mich um meine Energie zu kümmern	Ideen, um mich um meine Gefühle zu kümmern
z.B. Yoga, Meditation, Achtsamkeit...	Ich melde mich für Zumba oder eine andere Sportart an, die ich ausprobieren möchte.	Ich trinke einen Kaffee mit meiner besten Freundin, weil das meine Batterien wieder auflädt.

Beispiel Skizze:
Nimm Dir ein leeres Buch, Block oder leere Blätter in einem Schnellhefter, in dem Du Deine Tabellen, Listen, Bilder usw. skizzieren und hineinschreiben kannst

Eine weitere Aufgabe, um diese Übung in der kommenden Woche umzusetzen und am Ende abzuschließen, ist folgende: Wähle mindestens eine Aktivität aus jedem Kästchen aus und trage sie in deinen Kalender ein. Gib Tag und Uhrzeit an, mit wem du gehen wirst, falls du jemanden brauchst, um den Plan zu vervollständigen und wo du hingehen wirst. Je spezifischer du dabei bist, desto einfacher wird es für dich sein, deine Pläne umzusetzen.

Für die Gefühle sorgen

Was ich tun werde:

Mit wem:

Wann:

Wo:

Für den Geist sorgen

Was ich tun werde:

Mit wem:

Wann:

Wo:

Für den Körper sorgen

Was ich tun werde:

Mit wem:

Wann:

Wo:

Was du in deinen Kalender schreibst, muss dir heilig sein. Wenn du wirklich eine Veränderung willst, musst du dich dazu verpflichten, deine Pläne auch umzusetzen. Auch wenn irgendwann Ausreden oder Reue auftauchen, machst du weiter. Programmiere dein Gehirn um und mache ihm klar, dass es in Ordnung ist, Zeit für dich selbst aufzuwenden oder Geld in dich selbst zu investieren. Das alles schaffst du jedoch nur, wenn du sehr bewusst bist und dich darauf konzentrierst. Notiere ebenfalls dabei, wie du dich fühlst.

Monatsübersicht zu deiner emotionalen Befindlichkeit:

Schreibe jeden Tag auf, wie du dich fühlst, indem du das Kürzel für die jeweilige Emotion in den jeweiligen Kalendertag einträgst.

G	R	M	T	Ä	W	A

glücklich	ruhig	müde	traurig	ängstlich	wütend	andere

1	2	3	4	5	6	7
8	9	10	11	12	13	14
15	16	17	18	19	20	21
22	23	24	25	26	27	28
29	30	31				

Beispiel Skizze:

Nimm Dir ein leeres Buch, Block oder leere Blätter in einem Schnellhefter, wo Du Deine Tabellen, Listen, Bilder usw. skizzieren und schreiben kannst

ÜBUNG 45

Get beautiful

Wusstest du, dass gutes Aussehen dazu beiträgt, dass du dich gut fühlst? Manchmal assoziieren wir die Verbesserung unseres Images mit etwas Banalem oder Oberflächlichem. Zahlreiche wissenschaftliche Studien haben aber gezeigt, dass die Zufriedenheit mit unserem Körperbild stark zu unserem Wohlbefinden beiträgt. Wenn wir uns mit unserem Aussehen wohlfühlen, hat das einen positiven Einfluss auf unsere Gefühle.

Die Wahrheit ist: Wenn du in den Spiegel schaust und mit deinem Aussehen zufrieden bist, fühlst du dich sofort gesünder, energiegeladener, stabiler, glücklicher und hast Lust, viele Dinge zu tun. Überlege bitte kurz: Warst du schon mal zu Hause, ohne dich zu kämmen oder dich zurecht zu machen und hast dich müde gefühlt, als würde dein Körper deinen Geist beschweren und du hattest keine Lust auszugehen oder etwas zu unternehmen? Und nun im Gegensatz dazu: Hast du schon einmal dein bestes Kleid und deine schönsten Schuhe angezogen und dich geschminkt, um auszugehen und dich sofort so lebensfroh gefühlt, dass du vergessen hast, dass du zuvor Kopfschmerzen hattest?

In dieser Woche werden wir daran arbeiten, ein Körperbild zu schaffen, mit dem du dich wohl und bevorzugt fühlst und es als Werkzeug zu nutzen, um deine Freundschaften und Beziehungen zu verbessern, mehr Menschen kennenzulernen, deine Arbeitsbeziehungen zu verbessern, neue Freunde und Kontakte zu knüpfen und vielleicht sogar die Aufmerksamkeit der Person zu bekommen, die du magst. Vielleicht lässt sich aber auch die Leidenschaft in deiner aktuellen Beziehung dadurch wieder neu entfachen? “Get beautiful” ist die Kraft, die dir ermöglicht, dein Image zu verändern.

Du musst hierfür kein Modeexperte werden oder deine gesamte Garderobe ändern. Du bist lediglich dazu eingeladen, jeden Tag eine kleine Veränderung in deinem Tagesablauf vorzunehmen, die dir hilft, besser auszusehen.

Vielleicht hast du dich früher mehr geschminkt und herausgeputzt, aber aufgrund verschiedener Umstände hast du damit aufgehört? Vielleicht bist du Mama geworden und hast in der letzten Zeit vorrangig deinen Kindern Zeit geschenkt und dich im Fokus weit nach hinten gerückt? Vielleicht hat dich das Home-Office aber auch dazu verleitet, dich im Schlafanzug an deinen Schreibtisch zu setzen und mit der Arbeit zu beginnen? Egal, welche Gründe es bisher dafür gab, dass du wenig auf dein Äußeres geachtet hast - heute ist der Tag, an dem du mit deinem Aussehen wieder “glänzen” kannst. Beginne daher mit folgenden Übungen:

MONTAG:

Akzeptiere deinen Körper

ÜBUNG 1:

Konzentriere dich darauf, was du an deinem Körper magst. Indem du dich mit deinen Lieblingsmerkmalen identifizierst, kannst du ein positiveres Körperbild entwickeln. Nimm dir ein paar Minuten Zeit, um in den Spiegel zu schauen und deine liebsten Körpermerkmale zu erkennen. Schreibe sie in dein Notizbuch.

ÜBUNG 2:

Achte auf all die Dinge, die dein Körper TUN KANN. Vielleicht kannst du dein Körperbild verbessern, indem du dich mehr darauf konzentrierst, was dein Körper kann, anstatt darauf, wie er aussieht. Auch wenn du keinen Sport treibst, denke darüber nach, wie du deinen Körper jeden Tag einsetzt.

Du könntest zum Beispiel beobachten, dass du deinen Körper benutzt, um deine Familie und Freunde zu umarmen, zu atmen und zu lächeln. Vielleicht erlaubt er dir auch, Sport zu treiben, ein Instrument zu spielen…?

Erstelle eine Liste mit all den Dingen, die dein Körper kann, und wirf einen Blick darauf, wenn du anfängst, dich zu sehr darauf zu konzentrieren, wie du aussiehst.

DIENSTAG:

Ziehe dich schick an

Heute wirst du das Kleid, die Jacke oder den Anzug tragen, den du normalerweise nur zum Ausgehen oder an besonderen Tagen trägst. Du wirst das anziehen, von dem du weißt, dass es dich schön macht. Verzichte darauf, deine Kleidung für besondere Tage aufzuheben, denn heute ist ein besonderer Tag.

MITTWOCH:

Pflege deine Hände und Füße

Überprüfe den Zustand deiner Maniküre und Pediküre. Lackiere deine Nägel selbst oder gönne dir einen Termin im Schönheitssalon. Kümmere dich um die Feuchtigkeit deiner Haut und verwöhne dich mit Aromen und einer wohltuenden Creme.

DONNERSTAG:

Gönne dir eine Massage

Nimm eine entspannende Dusche, abgerundet durch ein Körperpeeling und gönne dir eine Selbstmassage am ganzen Körper. Wenn du möchtest, kannst du dich auch professionell massieren lassen (wenn es heute nicht in den Zeitrahmen passt, ist das in Ordnung, aber HEUTE kannst du einen Termin vereinbaren). Wir haben bereits darüber gesprochen, wie wir in uns selbst investieren können.

FREITAG:

Ernähre dich gesund und koche dir frische, vitamin- und abwechslungsreiche Mahlzeiten.

Heute erstellst du dir eine Einkaufsliste für die nächste Woche, um dich gesund und ausgewogen zu ernähren und zu vermeiden, dass du in letzter Minute einkaufst und aus mangelnder Voraussicht schlecht isst. Der Hauptgrund, warum wir ungesund essen, liegt darin, dass wir (häufig aus Zeitgründen) zu viele Backwaren, verarbeitete Lebensmittel und zuckerhaltige Nahrung und Getränke konsumieren. Würde dies alles wegfallen und würdest du vorausschauend Lebensmittel kaufen, die deiner Gesundheit zugutekommen, könntest du deinem Ziel, dich gesund und abwechslungsreich zu ernähren, ein gutes Stück näher kommen. Beginne also heute damit, deinen Speiseplan zu organisieren.

SAMSTAG:

Kümmere dich um dein Haar

Gönn dir heute eine Haarkur oder eine besondere Haarpflege. Nimm dir Zeit, dir heute eine besonders schöne Frisur zu machen. Vereinbare heute einen Termin beim Friseur, wenn du eine neue Haarfarbe ausprobieren möchtest. Denke daran: Investiere in dich selbst, um dich für dich schön zu machen.

SONNTAG:

Verjünge das Aussehen deines Gesichts

Heute kümmerst du dich um die Pflege deiner Gesichtshaut. Nimm dir die Zeit, eine pflegende Gesichtsmaske anzuwenden. Lege ein besonderes Make-up auf und gib deiner Gesichtsfarbe eine rosige, frische Note. Denke daran, dass auch ausreichend Schlaf dein Gesicht strahlen lassen wird.

Jeder dieser Vorschläge kann zur Gewohnheit werden und Teil deiner Routine werden. Wenn du willst, kannst du die Vorlage aus Übung 2 in deinen Tagesablauf einbauen, wie du es für richtig hältst.

ÜBUNG 46

Gestalte deine Morgenstunden kraftvoll

Die Art und Weise, wie wir unseren Morgen beginnen, hat einen starken Einfluss auf den Rest des Tages. Mit dieser Übung stellst du sicher, dass der Beginn und das Ende deines Tages ein Spiegelbild deines Lebens sind.

Im Folgenden werden zwei verschiedene Situationen geschildert. Überlege bitte, mit welcher Situation du dich stärker identifizierst:

- Der Wecker klingelt und du drückst den Snooze-Knopf vier Mal. Du hast überhaupt keine Lust, aufzustehen und zögerst den Start des Tages hinaus. Als du schließlich aufstehst, bemerkst du, dass es schon spät ist und du kaum Zeit hast, dir einen Kaffee zuzubereiten. Du schaust nach, was du anziehen sollst. Oh nein, das Kleid, das du tragen wolltest, müsste gebügelt werden. Du fängst an, schlechte Laune zu bekommen, gehst schnell aus dem Haus, rufst deinem Partner, deinen Kindern, deiner Familie "Auf Wiedersehen" zu und murrst, weil du zu spät kommst. Auf dem Weg zur Arbeit scheint die Welt gegen dich zu sein, die Leute fahren zu langsam oder zu chaotisch, die Ampeln stehen auf Rot und zu allem Überfluss gibt es keinen Parkplatz in der Nähe. Du kommst zwar noch einigermaßen pünktlich zur Arbeit, bist aber angespannt und gestresst... All das wird sich auf den Rest deines Arbeitstags auswirken.

- Der Wecker klingelt dreißig Minuten früher und du hast ausreichend Zeit dich zurecht zu machen und zur Arbeit zu gehen. Du hast beschlossen, dass du einen ruhigen und entspannten Morgen haben möchtest. Du planst eine Reihe von Schritten, die dir Energie für den Rest des Tages geben werden. Du stehst auf, öffnest das Fenster für zehn Minuten, während du dich dehnst und den Tag mit ein oder zwei Yoga-Übungen beginnst. Du trinkst in Ruhe einen Kaffee, genießt ein gesundes, vitaminreiches Frühstück, ziehst deine Kleidung an, die du bereits am Vorabend zurecht gelegt hast und verlässt das Haus mit genügend Zeit, um mit etwas Vorlauf zur Arbeit zu kommen, in Ruhe zu parken, fünf Minuten früher an deinem Schreibtisch einzutreffen und eine kleine To-Do-Liste zu erstellen, um dich für den Arbeitstag zu strukturieren.

Welche der beiden Varianten lebst du bereits? Welche Variante würdest du gerne leben?

Eventuell hast du bereits die Erfahrung gemacht, dass du typischerweise die Option A wählst, dich jedoch besser fühlst, wenn du Elemente der Option B lebst?

In diesem Zusammenhang ist das Buch "Miracle Morning" von Hal Elrod eine echte Bereicherung. Er weist darin auf drei wichtige Lektionen hin:

- Veränderung ist möglich und hängt nur von dir ab.

- Es spielt keine Rolle, wie viel du schläfst, sondern wie du aufwachst.

- Es ist wichtig, die richtigen Schritte zu unternehmen, um deine Morgenroutine zu ändern.

Nun kreierst du Schritt für Schritt deinen perfekten Morgen:

SCHRITT 1:
Schreibe auf, was dich morgens energetisiert und was du gerne tun würdest, bisher aber noch nicht getan hast. Zum Beispiel Dehnübungen machen, anstatt Gebäck zu essen, etc.

SCHRITT 2:
Überlege, was du ändern musst, um all diese Neuerungen in deine Morgenroutine zu integrieren. Zum Beispiel: Früher schlafen gehen, weniger Zeit am Handy verbringen, die Kleidung bereits am Abend auswählen, etc.

SCHRITT 3:
Beginne damit, einige der Optionen, die du morgens umsetzen möchtest, zu integrieren. Bedenke, dass es sehr schwierig sein wird, alle auf einmal umzusetzen, da sie noch nicht zur Gewohnheit geworden sind. Du musst sie nach und nach einführen. Andernfalls ist es gut möglich, dass dein Geist dich am dritten Tag sabotiert. Es ist besser, mit zehn Minuten Veränderung pro Tag zu starten und die Zeit nach und nach zu erhöhen. Notiere in deinem Notizbuch, was du diese Woche tun wirst, wie du es tun wirst, was du sofort eliminieren möchtest und wie früh du aufstehen musst.

Zeit	Aktivität	Montag	Dienstag	Mittwoch	Donnerstag	Freitag	Samstag	Sonntag
07:40	Dehnen							
08:00	Gesundes Frühstück							
08:15								

Beispiel Skizze:
Nimm Dir ein leeres Buch, Block oder leere Blätter in einem Schnellhefter, in dem Du Deine Tabellen, Listen, Bilder usw. skizzieren und hineinschreiben kannst

- Bitte male jedes Kästchen mit der Aktivität, die du erfüllen kannst, GRÜN an.

- Male es ROT an, wenn du es auslässt. Das wird dir helfen, dich zu motivieren und einen Überblick darüber zu behalten, was du erreicht hast.

ÜBUNG 47

Setze dir intelligent deine Ziele

Verfolgst du bereits die richtigen Ziele? Unter Umständen hast du dir Ziele gesetzt, weil sie in Mode sind oder weil du dadurch die Anerkennung anderer Menschen gewinnen möchtest?

Möglicherweise machst du einen von drei Fehlern:

- Du idealisierst deine Ziele.
- Du verfolgst ein Ziel, um die Anerkennung anderer zu bekommen.
- Du verfolgst die richtigen Ziele, aber auf die falsche Art und Weise.

Vielleicht kennst du einen Menschen, der durch die Welt reist, online arbeitet und glücklich ist. Auf den ersten Blick scheint dies für dich eine gute Art zu leben zu sein. Möglicherweise würde diese Art zu leben aber nicht zu dir passen, weil es nicht das ist, was du wirklich willst.

Vielleicht hast du dein eigenes Unternehmen und könntest es ausbauen, um mehr Geld zu verdienen. Du spürst jedoch innerlich, dass es nicht dein Ziel ist, andere für dich arbeiten zu lassen, damit du selbst frei sein kannst?

Finde heraus, was du wirklich willst, indem du die folgenden Fragen beantwortest:

- Ist das wirklich mein Ziel oder ist es das Ziel von jemand anderem?

- Bin ich davon begeistert, fühle ich mich zu diesem Ziel hingezogen oder muss ich mich zwingen, darauf hinzuarbeiten?

- Was werde ich bekommen, wenn ich dieses Ziel erreiche?

- Ist es das, was ich wirklich will?

- Bist ich sicher, dass es mein Leben verbessern wird?

- Werde ich meine aktuellen Ziele weiter verfolgen, wenn mich die Meinung anderer nicht mehr interessiert?

- Oder werde ich etwas Spannenderes oder Interessanteres machen?

Wenn wir wirklich herausgefunden haben, was unser Ziel ist, was wir anstreben, wie wir unser Leben gestalten wollen, ist es an der Zeit, den Plan zum Erreichen des Ziels richtig zu organisieren. Günstige Zielsetzungen sollten immer folgende Merkmale aufweisen:

- SPEZIFISCH: Was?, Wer?, Wo?, Wie?

- MESSBAR: Ziele müssen quantifizierbar sein.

- ERREICHBAR: Ziele sind zur Erreichung auf dich angewiesen.

- RELEVANT: Suche nach einem „Wozu?“, welches dir viel bedeutet.

- ZEITLICH BESTIMMT: Schreibe sie mit einem Datum in dein Tagebuch.

Hier sind einige Beispiele, die dir helfen zu verstehen, was günstige Zielsetzungen sind und was nicht:

Weniger positiv sind folgende Zielsetzungen: Ich will Englisch lernen, ich will besser essen, ich will fitter werden, ich will mehr Geld verdienen....

Positive Zielsetzungen sind: Ich will am Ende des Jahres 20 Prozent mehr verdienen, ich will im September mein erstes Level machen, ich will mich auf den Triathlon im Oktober vorbereiten...

Ebenso wichtig ist es, Zielsetzungen positiv zu formulieren: „Ich will aufhören, Schokolade zu essen“ ist nicht dasselbe wie „Ich werde zwei Stücke Obst pro Tag essen.“

Jetzt bist du an der Reihe. Setze dir positive Zielsetzungen für die Bereiche deines Lebens. Du kannst das LEBENSRAD in Teil 2 verwenden, um Ziele für jeden der Bereiche zu formulieren.

Beruf: ....
Familie: ....
Beziehungen: ....
Soziales/Freizeitleben: ....
Gesundheit: ....
Finanzen: ....
Persönliche Entwicklung: ....
Liebe: ....

Während du deine Ziele aufschreibst, schau dir deinen inneren Dialog genau an und achte darauf, ob möglicherweise Gedanken auftauchen, die dir sagen, dass du dazu nicht fähig bist, dass du es nicht verdienst oder dass es unmöglich ist. Notiere diese dich limitierenden Glaubenssätze ebenfalls in dein Notizbuch.

ÜBUNG 48

Gestalte dir deinen idealen Tag

Hattest du jemals einen perfekten Tag? Einen dieser Tage, an denen du zu Bett gegangen bist und gedacht hast: „Ich wünschte, jeder Tag wäre genau wie dieser“? Einen Tag, an dem du dich glücklich, erfüllt und dankbar gefühlt hast für die Momente, die du erlebt oder für das, was du beruflich erreicht hast? Dabei ist nicht ein besonderer Tag, wie z.B. dein Hochzeitstag oder der Tag der Geburt deines Kindes gemeint, sondern ein Tag, der zu deiner täglichen Routine gehört.

Laut Brendon Burchard, einem Experten für persönliche und berufliche Motivation, ist es sehr wichtig, seinen idealen Prototypentag zu entwerfen, um ihn in der Realität umsetzen zu können. Man sollte einen Grund haben, für den es sich lohnt, jeden Tag aufzustehen. Es geht darum, nach vorne zu blicken und jeden Tag in vollen Zügen zu genießen, egal ob es Montag oder Samstag ist.

Hier sind ein paar Fragen, die dir dabei helfen, herauszufinden, wie du dir deinen perfekten Tag vorstellst. Im Folgenden findest du einen Leitfaden, der dir hilft, deinen Eigenen zu entwerfen.

- Wann hattest du das letzte Mal einen tollen Tag und warum?
- Was hast du an dem Tag gemacht? Hast du etwas Neues ausprobiert, an einem leidenschaftlichen Projekt gearbeitet oder dich mit Freunden getroffen?
- Was würdest du am liebsten jeden Tag tun?

- Wenn du jeden Tag nur eine Aktivität durchführen könntest, die dir Spaß macht, welche würdest du wählen?

- Bei welchen Aktivitäten würdest du dich am Ende des Tages rundum zufrieden fühlen?

- Wie würdest du deinem besten Freund oder deiner besten Freundin deinen idealen Tag beschreiben?

- Gibt es etwas, das du früher gerne gemacht hast, aber nicht mehr tust?

Jetzt liegt es an dir, dir deinen idealen Tag vorzustellen.

Wenn du Zeit und Ruhe hast, schreibe auf einem Blatt Papier oder in einem Notizbuch auf, wie dein idealer Tag aussehen würde. Stell dir vor, dass alles möglich ist. Gib so viele Details wie möglich an. Wann du aufstehst, wo du wohnst, wie du dich kleidest, wie viel Geld du verdienst, wie du zur Arbeit gehst oder ob du zu Hause arbeitest, wie dein Zuhause aussieht, wie dein Job aussieht, wer und wie deine Freunde sind, was du isst, welchen Sport du treibst, usw. Notiere auch, ob du einen Partner, Kinder oder ein Haustier hast, wie du dich fühlst, wie du aussiehst... ob du Sport treibst, an welchen Tagen du dich ausruhst, reist, liest oder meditierst. Welche Aktivitäten unternimmst du, um für dich zu sorgen?

Beispiel Skizze:
Nimm Dir ein leeres Buch, Block oder leere Blätter in einem Schnellhefter, in dem Du Deine Tabellen, Listen, Bilder usw. skizzieren und hineinschreiben kannst

Wie bei der Erstellung positiver Zielsetzungen im vorherigen Kapitel, überprüfst du nun, welche Gedanken dir durch den Kopf gehen, welche Überzeugungen du hast, ob du dich für fähig hältst oder nicht, ob du es für möglich hältst. Schreibe deine Überlegungen ebenfalls in dein Notizbuch.

Monatsübersicht zu deiner emotionalen Befindlichkeit:

Schreibe jeden Tag auf, wie du dich fühlst, indem du das Kürzel für die jeweilige Emotion in den jeweiligen Kalendertag einträgst.

G	R	M	T	Ä	W	A

glücklich	ruhig	müde	traurig	ängstlich	wütend	andere

1	2	3	4	5	6	7
8	9	10	11	12	13	14
15	16	17	18	19	20	21
22	23	24	25	26	27	28
29	30	31				

Beispiel Skizze:

Nimm Dir ein leeres Buch, Block oder leere Blätter in einem Schnellhefter, wo Du Deine Tabellen, Listen, Bilder usw. skizzieren und schreiben kannst

ÜBUNG 49

Sag deinen Ausreden adieu

Wenn wir Angst oder das Gefühl haben, dass wir etwas, das wir uns vorgenommen haben, nicht schaffen können, erfinden wir Geschichten, um uns einzureden, dass wir gute Gründe haben, etwas erst gar nicht auszuprobieren. Der erste Schritt, um Hindernisse zu beseitigen, die uns davon abhalten, unsere Ziele zu erreichen, ist jedoch, uns darüber klar zu werden, dass wir uns selbst belügen.

In den Übungen 46 und 47 hast du die Überzeugungen und Gedanken aufgeschrieben, die dir in den Sinn kamen, als du über deine zukünftigen Ziele nachgedacht hast. Einschränkende Glaubenssätze zu erkennen, hilft bereits dabei, eigene mentale Barrieren zu erkennen. In der folgenden Übung wird daher mit den Überzeugungen gearbeitet, welche aus dem Nachdenken über unsere Zukunft entstanden sind. Sobald die Zukunft ungewiss ist und wir nicht wissen, was passieren wird, entstehen häufig Gedanken wie “Ich werde es nicht schaffen”, “Das ist unmöglich”, “Das ist nur ein Traum”, “Das wird mir nicht passieren”....

Angesichts so vieler Unsicherheiten sollten wir all unsere persönlichen Überzeugungen durch einen Filter laufen lassen, um unseren inneren Diskurs zu verändern. Hilfreich dabei ist, zunächst die Überzeugung, dann aber mindestens drei Argumente dagegen aufzuschreiben. Bemühe dich also, zu jedem Glaubenssatz mindestens drei Gründe zu finden, welche objektiv zeigen, dass diese Überzeugung nicht wahr sein kann.

Ein Beispiel:

Persönliche Überzeugung: *„Sie wollen mir den Job nicht geben."*

Argumente, warum diese Überzeugung nicht wahr ist:

- *„Ich kann nicht mit Sicherheit wissen, welche Entscheidung jemand anderes treffen wird."*
- *„Ich habe Fähigkeiten und Fertigkeiten, aufgrund derer ich für diesen Job geeignet bin."*
- *„Ich habe schon andere Jobs bekommen."*

Meistens erreichen wir nicht, was wir wollen, weil wir uns mit Ausreden einschränken. Jetzt weißt du, wie du zu deinen Gunsten argumentieren kannst, um deine Ziele zu erreichen.

ÜBUNG 50

Erstelle ein Vision-Board von deinem erträumten Leben

Wenn du dir etwas bildhaft vorstellst, machst du den ersten Schritt, um es Wirklichkeit werden zu lassen. Wenn dies auch wie ein Mythos klingen mag, so bestätigt die Wissenschaft dennoch diesen Effekt. Visualisiere also deine Zukunft und lass sie somit Realität werden!

Ein Vision-Board ist eine Tafel mit Bildern, Farben, Sätzen oder Wörtern, die darstellen, was du in deinem Leben sein, fühlen, tun oder haben möchtest. Das Vision-Board dient dazu, deine Ziele und Träume visuell festzuhalten, um sie im Blick zu behalten und dich auf das zu konzentrieren, was dir wichtig ist. Im Folgenden erfährst du, wie du es anfertigen kannst:

Werde dir nochmals deiner positiven Zielsetzungen bewusst, wie du es bereits in der Übung 47 getan hast.

- Sammle Bilder, Schnipsel, Objekte, Fotos, Farben, Sätze und Wörter, die dich bewegen und inspirieren. Jetzt kannst du mit der Gestaltung deiner Collage beginnen, klebe jedoch noch nichts fest.

- Wähle den besten Ort für die Aufbewahrung deines Vision-Boards. Du sollst es jeden Tag sehen können. Überlege dir also genau, wohin du es platzieren möchtest.

- Wähle als Unterlage entsprechend den Bildern, den Farben, der Anzahl der Dinge, die du gesammelt hast, das günstigste Material. Du kannst eine Korkplatte, eine an der Wand befestigte Leinwand, eine Tafel oder einen alten Rahmen verwenden oder, noch einfacher, du klebst mithilfe von hübschen Washi-Tapes alles direkt an die Wand.

ÜBUNG 51

Steigere deine Selbstmotivation

Fühlst du dich oft blockiert oder überfordert? Kannst du dich nur schwer für deine Aufgaben motivieren? Das liegt möglicherweise daran, dass dein Verstand überlastet ist. Dein Gehirn ist vermutlich überfrachtet mit unvollendeten Projekten, unnötigen Sorgen und Ablenkungen, unproduktiven Aufgaben, und/oder vagen Ziele.

Kurz gesagt: Anstatt dich konzentrieren zu können, ist dein Geist zerstreut. All dieser ständige mentale Lärm, den du jeden Tag erlebst, führt dazu, dass du dich unkonzentriert, gestresst und erschöpft fühlst.

Wir haben in den vorherigen Übungen bereits gesehen, wie wir Ziele richtig formulieren, wie wir unseren Alltag gestalten wollen, und wir haben uns unser eigenes Vision-Board erstellt.

Mithilfe dieser Übungen hast du bereits deine Selbsterkenntnis erfolgreich geschult, welche wiederum die Voraussetzung für die Selbstmotivation darstellt:

- „Werde dir deiner Werte bewusst"
- „Werde dir deiner dich selbst limitierenden Glaubenssätze bewusst"
- „Nutze die Angst als Ansporn"
- „Entdecke deine Talente"

- „Beseitige deine Sorgen“

Inwiefern ist aber nun Selbsterkenntnis die Voraussetzung für die Selbstmotivation?
Der Motor, welcher mich antreibt, meine Ziele zu erreichen ist, genau zu wissen, wer ich sein will. Viele Menschen denken, dass es darum ginge, genau zu wissen, wie man leben möchte. Doch das ist es nicht. Erst wenn ich mir darüber im Klaren bin, was ich für mich will und wofür ich es will, werde ich ein "Motiv" haben, dem ich folgen kann.

Es gibt verschiedene Werkzeuge, die uns helfen, unseren Alltag zu analysieren und die Gründe zu erkennen, warum wir uns unproduktiv fühlen oder Dinge vor uns her schieben.

Die folgenden Übungen werden dir helfen, dich mental zu ordnen:

ÜBUNG 1

Selbstbetrachtung

Ein paar Minuten am Tag mit Nachdenken zu verbringen, ist ein sehr effektiver Weg, um dich selbst kennenzulernen. Analysiere täglich, was dir widerfahren ist und stelle dir hierfür folgende Fragen:

- Was habe ich heute gut gemacht?
- Was hätte ich besser machen können?
- Was kann ich von heute lernen?
- Was werde ich morgen anders machen?

ÜBUNG 2
ICH-BESCHWERE-MICH-DIE-NÄCHSTEN-SIEBEN-TAGE-NICHT-Übung

Vermeide es in den nächsten sieben Tagen so gut du kannst, dich laut oder auch nur in Gedanken zu beschweren. Wenn du das schaffst, wirst du erkennen, dass du dich häufig nur beschwerst, um konstruktiven Veränderungen aus dem Weg zu gehen. Dies stellt häufig den einfachsten Weg dar. Bei dieser Aufgabe könnte dir ein Gummiband helfen, welches du dir um dein Handgelenk legst. Schnitze jedes Mal, wenn du dich beschwert hast, eine Kerbe hinein.

ÜBUNG 3
Quantifiziere deine Produktivität

Am Ende der Woche überprüfst du all deine vollzogenen Aktivitäten. Zähle diejenigen Stunden zusammen, in denen du konzentriert an deinen Aufgaben gearbeitet hast. Stelle dir folgende Fragen:

- Was wäre passiert, wenn ich diese Woche eine bestimmte Aufgabe nicht erledigt hätte?
- An welchen wichtigen Aufgaben hätte ich arbeiten können, habe es aber nicht getan? Warum?
- Was hätte ich tun können, um produktiver zu sein?

Gehe jetzt noch einen Schritt weiter: Das Gefühl, Dinge aufschieben zu wollen, entsteht häufig, weil wir versuchen,

Schmerz und Unbehagen zu vermeiden und nach Vergnügen zu suchen. Wenn uns eine Aufgabe schwierig, langweilig oder beängstigend erscheint, suchen wir nach Möglichkeiten, uns mit einer angenehmen Aktivität abzulenken, die uns mit einer schnellen Dosis Dopamin belohnt - dem Neurotransmitter, der im Gehirn für Freude verantwortlich ist.

ÜBUNG 4

Analysiere deine Ablenkungen und was der wahre Grund für sie ist

- Ist es die Angst, dass die Arbeit, die du machen wirst, nicht gut genug sein wird? Hast du vielleicht das Gefühl, dass eine Aufgabe zu schwierig ist und du dich nicht in der Lage fühlst, sie zu erledigen? Wenn ja, was kannst du dagegen tun?

- Ist es die Unklarheit darüber, was du tun sollst oder wie du es tun sollst? Die folgenden Fragen helfen dir, dir darüber klar zu werden, wie du handeln sollst:

- -Was genau muss ich tun?

- -Was will ich erreichen?

- -Wonach genau suche ich?

- Leidest du unter Energiemangel? Du kennst deinen Körper am besten und weißt, wann du am wachsten und energiegeladensten bist. Nutze diese Informationen, um deinen Tag so zu organisieren, dass du diejenigen Aufgaben, die den meisten Aufwand erfordern, dann erledigst, wenn du über die meiste Energie verfügst. Somit vermeidest du, dass du Aufgaben aufgrund von Energiemangel vor dir her schieben musst.

Erstelle eine Liste mit denjenigen Aufgaben des Tages, die mehr Aufwand erfordern, und eine weitere Liste mit Aufgaben, die du leichter erledigen kannst. Verteile sie dann über den Tag, je nach Energielevel.

Anspruchsvollere Aufgaben	Weniger anspruchsvolle Aufgaben
Beispiel: Projektautor für Unternehmen X	Beispiel: E-Mail senden, um die Teilnahme an einer Besprechung zu bestätigen.

ÜBUNG 52

Empowerment

Mit Empowerment bezeichnet man Strategien und Mechanismen, die den Grad an Autonomie und Selbstbestimmung einer Person wiedererlangen oder steigern sollen. Wer sich ermächtigt fühlt, weiß, wie man NEIN sagt, kennt seine Stärken und Schwächen, weiß, wie man Dinge in Frage stellt und fühlt sich stark und motiviert, seine Ziele zu erreichen.

Empowerment wird genährt, indem wir unsere Stärken erkennen, uns unserer Leistungen bewusst sind, die Glaubenssätze identifizieren, die uns möglicherweise blockieren und uns klar darüber sind, was wir erreichen wollen, auch wenn wir nicht immer wissen, wie. Kurz gesagt: Empowerment führt letztendlich dazu, eisernes Vertrauen in sich selbst zu haben.

Beeinflusst von unserer Einstellung oder unserem Denken, lässt sich die Selbstermächtigung (=Empowerment) jederzeit steigern. Wir haben bereits gesehen, wie wir loslassen können, was uns schadet, wie wir unsere Gewohnheiten verbessern und wie wir unseren Geist mit einem Dankbarkeitstagebuch und einem guten Emotionsmanagement auf das Positive hinlenken können.

Alle diese Punkte wurden bereits in den vorherigen Kapiteln behandelt. Solltest du bei einigen Punkten noch Zweifel haben, ist es empfehlenswert, sich die jeweiligen Punkte noch einmal zur Vertiefung durchzulesen. Die folgende Übung soll dich nämlich dazu befähigen, nun deinen Rucksack mit Selbstvertrauen zu füllen. Hierzu sind vier Schritte hilfreich:

SCHRITT 1: VERKAUF DICH SELBST

Schreibe deine Stärken in wenigen Worten auf, so als wolltest du dich als Regisseur/in für den Film, den du auf deinem Vision-Board entworfen hast, verkaufen. Du musst überzeugen, dass du dieses "Filmprojekt" für die Zukunft bekommen kannst.

SCHRITT 2: FOKUSSIERE DICH AUF DEINE POSITIVEN ZIELSETZUNGEN

Wähle aus allen Zielen, die du aufgeschrieben hast, drei aus, die du kurzfristig erreichen möchtest. Gib ihnen ein Startdatum.

ZIEL 1:

ZIEL 2:

ZIEL 3:

SCHRITT 3: ÜBERWINDE DEINE ÄNGSTE

Erstelle eine Liste - eine Zusammenfassung all deiner Leistungen, Qualitäten und Fähigkeiten, die du bisher erreicht hast. Erinnere dich daran, dass wir manchmal daran gezweifelt haben, ob wir eine Herausforderung bewältigen können. Wenn wir uns darüber im Klaren sind, was uns geholfen hat, sie zu bewältigen, kann das in den Momenten, in denen sich Angst einschleicht, eine große Hilfe sein.

QUALITÄTEN:

FÄHIGKEITEN:

ERGEBNISSE:

SCHRITT 4: SCHEITERN IST UNVERMEIDLICH, DER ERFOLG IST ES ABER AUCH.

Mache dir die folgende Überzeugung zu eigen: „Mein Erfolg ist unausweichlich." Lerne, dir die Kraft des Vertrauens in diese Überzeugung zunutze zu machen.

Vergiss nicht:

- Du kannst deine Gedanken nutzen, um deine Realität zu gestalten.
- Wenn andere es können, kannst du es auch.
- Du kannst dich immer verbessern.
- Wenn du etwas einmal tun kannst, kannst du es auch wieder tun.
- Du bist in der Lage, die Dinge zu regeln.
- Scheitern ist unvermeidlich und führt zu langfristigem Erfolg.

Wenn du dir genug Zeit nimmst, kannst du fast alles erreichen, was du willst. Beginne also, dich so zu verhalten, als ob dein Erfolg unausweichlich wäre, und sieh zu, wie sich die Dinge für dich ändern.

DIES IST NUR DER ANFANG

Denke daran, dass es kein Geheimrezept gibt, um die Ziele zu erreichen, die du dir selbst gesetzt hast. Es gibt weder einen einzigen, "einfachen" Weg, noch einen "richtigen Zeitpunkt". Sobald du dich entscheidest, diesen oder einen anderen Prozess zu initiieren, der Veränderungen in deinem Leben mit sich bringt, wirst du zwangsläufig mit Komplikationen und unvorhergesehenen Ereignissen konfrontiert werden.

✿ SEI FLEXIBEL:

Was auch immer dein Ziel ist und welchen Plan du dafür hast, es zu erreichen, es ist wichtig, dass du Raum für mögliche unvorhergesehene Ereignisse oder Fehler lässt.

Denke daran, dass du keine Kontrolle darüber hast, was draußen passiert und dass die Tatsache, dass einige Details nicht wie geplant ablaufen, kein Grund sein muss, demotiviert zu sein.

Es reicht, wenn du deinen Plan anpasst, deine Schritte neu ausrichtest und wieder in die Spur kommst. Wenn du offen bleibst für die Möglichkeit, dass ein zufälliges Ereignis den Kurs ändert, kannst du dich besser darauf einstellen, wenn es passiert.

✿ SEI BESTÄNDIG:

Du wirst deine Ziele erreichen, aber bedenke, dass dies eine fortlaufende Aufgabe ist und es, je nach Ziel, länger dauern kann, als du gedacht hast.

Baue Erinnerungshilfen ein, die dich darin unterstützen, auf dem richtigen Weg zu bleiben, und befolge bei der Umsetzung deines Plans regelmäßig Zeitpläne.

Möglicherweise musst du immer wieder dich selbst in die Pflicht nehmen, um in deinem Umfeld um Unterstützung zu bitten, wenn du von außen für das, was du dir vorgenommen hast, zur Rechenschaft gezogen werden sollst.

Das vorliegende Buch bietet eine Vorlage für zwölf Monate. In dieser Zeit kannst du deine Ziele aufschreiben und gezielt an der Umsetzung arbeiten. Wichtig dabei ist, dass du größere Ziele, in kleinere, überschaubare Ziele unterteilst, die monatlich umsetzbar sind. Denke daran, dass das Erreichen eines Ziels zur erfolgreichen Umsetzung des nächsten Ziels führen wird.

Wenn Schwierigkeiten auftauchen oder deine Motivation nachlässt, erinnere dich daran, warum du diesen Weg eingeschlagen hast und dass du mit deinen Bemühungen dein Wohlbefinden verbessern möchtest.

Auf dem Weg dorthin kann sich der Kurs ändern, aber verschiedene Wege können dich an denselben Ort führen: dein Ziel.

Du hast genug Ressourcen, auf die du dich verlassen kannst.
Glaube also an dich selbst.

Auswertung deiner Ziele

JANUAR

Beispiel

Sport

Englisch

Arbeitsplatzverbesserung

Gesunde Ernährung

Zeit für die Familie

Soziales Leben

- Anleitung Drucke so viele Blätter aus, wie du brauchst. Jedes Blatt reicht für 6 Zielscheiben.

- Jeden Tag musst du die entsprechende Farbe auf jedes Ziel malen, je nachdem, wie viel Zeit du dafür aufgewendet hast.

- Am Ende des Monats kannst du leicht erkennen, für welches Ziel du die meiste Zeit aufbringst, und du kannst die notwendigen Anpassungen vornehmen.

ROTE FARBE
Wenig / Keine

GELBE FARBE
Kleine

GRÜNE FARBE
Gut / Sehr gut

Auswertung deiner Ziele

Sport

Englisch

Arbeitsplatzverbesserung

Gesunde Ernährung

Zeit für die Familie

Soziales Leben

SCHLUSSWORT

Träume erfüllen sich nicht wie Geburtstage, Träume werden früh begonnen, gelernt, gearbeitet, und vielleicht werden diese Träume eines Tages wahr. Wichtig ist: setze dir Ziele, realistische Ziele. Und dann gehe los, um sie zu erreichen. Dann wir irgendwann jeder Wunsch in Erfüllung gehen.

Liebe Leserin, lieber Leser,

dieses Buch soll dir dabei helfen, dass deine Träume für dich Realität werden. Die Arbeit mit diesem Buch ist vielleicht der Anfang von etwas Großem. Denn was könnte es Schöneres geben, als alles, was in deiner Macht steht, zu tun, damit sich all deine Träume erfüllen? Erschaffe dir dein Leben selbst, mit all deiner Energie. Dann wird es ein gutes Leben werden und sein!

Printed in Poland
by Amazon Fulfillment
Poland Sp. z o.o., Wrocław

23154656R00133